古代歷史文化研究輯刊

四 編
王明蓀 主編

第 20 冊

唐妓探微（下）

鄭志敏 著

國家圖書館出版品預行編目資料

唐妓探微（下）／鄭志敏 著 — 初版 — 台北縣永和市：花木
蘭文化出版社，2010〔民99〕
目 4+140 面；19×26 公分
（古代歷史文化研究輯刊 四編；第 20 冊）
ISBN：978-986-254-240-8（精裝）
1. 娼妓 2. 唐代
544.7692 99012982

ISBN - 978-986-254-240-8

9 789862 542408

古代歷史文化研究輯刊
四 編 第二十冊 ISBN：978-986-254-240-8

唐妓探微（下）

作 者 鄭志敏
主 編 王明蓀
總 編 輯 杜潔祥
印 刷 普羅文化出版廣告事業
出 版 花木蘭文化出版社
發 行 所 花木蘭文化出版社
發 行 人 高小娟
聯絡地址 台北縣永和市中正路五九五號七樓之三
電話：02-2923-1455／傳眞：02-2923-1452
電子信箱 sut81518@ms59.hinet.net
初 版 2010 年 9 月
定 價 四編 35 冊（精裝）新台幣 55,000 元

唐 妓 探 微（下）

鄭志敏　著

目

次

第五章　妓與唐代文學藝術

　　妓女雖是社會黑暗深淵中開出的罪惡之花，但在中國文學、藝術的發展
上，卻又往往佔有極重要之地位。清代陳夢雷等人所編的大百科全書《古今
圖書集成》，在多達一萬零四十二卷、一億六千餘萬字的浩瀚篇幅中，關於古
代婦女的部份，將清代以前的各式良家婦女，尤其是才女、節婦等的事蹟，
均收錄在「明倫彙編・閨媛典」中，而彙錄歷代娼妓的「娼妓部彙考」卻收
入「博物彙編・藝術典」，與文人雅士好尚的琴棋書畫等同列藝術之門。分類
一事之當否固然見仁見智，但陳夢雷等人的意見，卻也在某種程度上，反映
出傳統知識份子對於娼妓的看法。一方面就禮教社會的規範而言，妓女不在
「明倫」範圍之內的卑賤女子，自然沒有資格和出身高貴或貞操節烈的名門
閨媛相提並論。但在另一方面，由於歷代妓女在文學、藝術上的傑出表現與
影響力，又不能將其自歷史上剔除，因此她們便成為中國古代藝術的一部份。
此等看法固然有其傳統儒士觀的侷限性，但也充份顯示出古代士人對女妓在
文學、藝術方面所做貢獻的肯定。唐代孫棨所著的《北里志》，正是「娼妓部
彙考」中的頭一部典籍，妓女對唐代文學藝術發展的重要性，於此可見一斑。
不僅清儒對妓女有此看法，近人如王書奴也說：

　　　　我看古今最不守舊，隨時代風氣為轉移者，莫如娼妓。時代尚詩，
　　　　則能誦詩，時代尚詞，則能歌詞作詞……乃知娼妓，不但為當時文
　　　　人墨客之膩友，且為贊助學術文化之功臣。〔註1〕

在本章中，我們將以討論名妓的養成背景為起點，探究有唐一代培育名妓之

〔註1〕見氏著《中國娼妓史》，頁192。

文化土壤爲何。接著以名妓爲主體，討論其所創造的文學藝術成就。最後再來探討唐妓與當時文學及酒令文化發展間的關係，希望能夠進一步瞭解女妓在唐代文學藝術史上的應有地位。

第一節　名妓之養成

　　唐代是中國歷史上「名妓」開始大量湧現的時期，所謂名妓，其在歷史上的意義有兩層。粗淺而言，她們是「有名有姓」的妓女，有別於唐代以前，除了綠珠、蘇小小等少數女妓之外，大多以含糊籠統的妓妾、倡伎等名詞存在的時期。名妓因本身才藝，姓名正式登入唐人詩文史冊中，活躍於歷史舞臺之上。就深層意義說，所謂名妓，乃指妓女群中出類拔粹、與眾不同者，她們不似一般下層妓女專靠出賣色相、薦人枕席維生，相反地，可能是容貌不甚特出，但在文學、音樂、舞蹈或談吐等方面，卻有超越凡俗的傑出表現。她們之中，有些一人兼數藝，例如薛濤，既能詩又能書法、又善雅談，有些則是以某項專門才藝傾倒眾生，如善歌的許永新、善舞得謝阿蠻等。其身份雖是卑賤的女妓，但憑靠自身的才華與努力，使得她們成爲唐代各種藝術的創作和傳播活動中，極具影響力的一群。她們也因爲自己的成就而掙得相對的經濟利益與社會認同，除較普通婦女享有更大的經濟自主權外，上自皇帝、將相，下至文人士庶，無人敢忽視她們的存在。尤其是好尚風雅的士人，更樂於主動與這些才藝出眾的名妓來往，名妓們自然也願意同其唱酬，進而交織出一幅唐代文學藝術的燦爛圖譜。

　　在未正式討論名妓的藝術成就之前，想先探討的是，爲何名妓在唐代，尤其是中唐以後，無論質與量上均有大幅度的提升？又，這些名妓的藝術才華究竟從何而來，是其自天份所致或有其他因素促成？

　　第一個問題，在本書第二章探討唐人狎妓風盛的時代背景時，已作了部份的解答。唐代繁榮的社會經濟與昌盛多元的文化藝術，自是促進名妓藝術發達的重要原因。另一個也不容忽視的原因，應是源於唐人重門第觀念下的婚姻不自由現象，導致士人在正常婚姻生活中難以獲得精神上的滿足，轉而向外尋求慰藉，此時脫離社會正常軌道外的女妓，自然成爲其尋歡作樂的極佳對象。所謂「仕宦重出身，婚姻重門第」，唐人婚姻的不自主，有時甚至淪爲仕宦前途的輔助工具而缺乏眞實情份在內。此事早爲陳寅恪所揭，爲治唐

史者所熟知。世人對唐代社會往往存有某些誤解，認為當時儒學不振、男女之防甚微，似乎唐代已開中國婦女解放之先聲。其實這只是少數特殊階級的女性，如武則天、楊貴妃姊妹和某些不守禮法的公主才有的自由，對絕大多數婦女而言，操持家業、謹守婦道，仍是社會對她們最高的期待。正如《新唐書‧列女傳》序中所言：「女子之行，於親也孝，婦也節，母也義而慈，止矣！」（卷二〇五，頁 5816）此「孝親」、「節婦」、「慈母」等不同角色，其實不外都是要求婦女謹守閨閫之儀，不容有半步逾越。這也就是為甚麼〈李娃傳〉的結尾，作者硬是刻意將李娃由一名長安「倡蕩之姬」，美化成豪門貴婦的原因，如此方能符合當時社會的期待。即使到了晚唐，此種對婦女的道德要求仍舊未變，這可從舊題李商隱《義山雜纂‧養女訓誨》條中的十項婦女生活守則中窺知大概：

> 一曰習女工（按：應作紅）
>
> 二、議論飲食
>
> 三、溫良恭儉
>
> 四、修飾容儀
>
> 五、學書學算
>
> 六、小心軟語
>
> 七、閨房貞潔
>
> 八、豔詞不唱
>
> 九、聞事不傳
>
> 十、善事尊長

另外同書〈不如不解〉條亦云「婦人解詩，解則犯物議」。這些守則對世家大族之名門閨秀而言，可能都是要信守終身、至死不渝的教條，尤其要求她們「豔詞不唱」、「聞事不傳」、「不得解詩」等，更是無形中限制了這些曾受過良好教育的婦女，在詩文藝術上的創作發揮。使得她們除能謹守婦道此一優點外，即欠缺其他吸引配偶的女性魅力，有些女性甚至還以能文為恥，如《北夢瑣言》卷六載：

> 唐樂安孫氏，進士孟昌期之內子，善為詩。一旦併焚其集，以為才
> 思非婦人之事，自是專以婦道內治。（頁 51）

作者孫光憲顯然對孫氏的行為頗表贊同，因此緊接著在同卷同條下又舉一個「有才思」但是不願蟄伏的婦人蕭惟香，因逞才思與人淫亂，最後落得「託身無所，

自經而死」的悲慘下場以爲對照。連帶警諷世間女子之有才思者亦當謹守閨儀，
否則必遭不測之禍。試想如此乏味之婚姻生活，對雅好風流之唐代士人來說，
幾乎只有現實利益與傳宗接代方面的功能，自難滿足其更高層次的精神需求。
此時另一群位處社會底層，雖遭人鄙棄卻因不需謹守婦道，得以自由與士人交
往的女妓，遂應運而生，成爲士人正式婚姻外的精神補給。這種情形之所以在
中唐以後變得特別昌盛的原因，除經濟繁榮所帶來的社會開放外，與唐代重詩
的文林風氣也不無關係。因爲詩是一種極需精神解放以激發靈感的文學創作，
詩人自然不太可能在刻板的婚姻生活中，有脫俗優秀的作品出現。但在花前月
下、挾妓冶遊的浪漫氣氛中，卻往往能爲詩人們提供足以引發靈感的有利因子。
且妓女本身的人生經歷和才情風致，也爲詩人的創作帶來取之不竭的素材。因
此唐詩中的許多名篇，如白居易的〈琵琶行〉、〈不能忘情吟〉、劉禹錫的〈泰娘
歌〉、杜牧的〈張好好詩〉等，莫不與妓女有關或直接以女妓爲主題。詩人作品
問世後，若欲傳播久遠，往往也必須借重妓女們在各種公開場合予以傳唱，否
則恐怕不易引起大眾共鳴。可以說女妓們在詩人創作與成名的過程中，都巧妙
地扮演著幕後功臣的角色，這自然使得詩人不會予以忽視，而紛紛將其與女妓
的交往唱酬寫入詩中。尤其在中唐以後，地方藩鎮所蓄養的官妓與民間私妓大
行於世，她們與士人交酬之密切更遠甚於前，因此吾人才得以在中晚唐人的詩
作中，看到大量有名有姓的女妓。

　　至於唐代名妓的藝術才華究竟從何而來，一方面自是其本身擁有聰慧的
資質，但更重要的因素應是來自後天的培養。在第三章中論及唐妓的來源時
即曾指出，唐代各類妓女中，有不少是犯官罪臣的妻女，或因天災人禍淪入
風塵的名門閨秀，她們本就姿容秀麗或知書達禮，有的在幼時即已展露過人
的才華，如薛濤即其例：

> 蜀妓薛濤字弘（一作洪）度，本長安良家女，父鄖，因官寓蜀。濤
> 八九歲知聲律，其父一日坐庭中，指井梧而示之曰：「庭除一古桐，
> 聳幹入雲中。」令濤續之，應聲曰：「枝迎南北鳥，葉送往來風。」
> 父愀然久之。父卒，母孀居，韋皋鎮蜀，召令侍酒賦詩，因入樂籍。
> 〔註2〕

可見薛濤日後之所以能夠成爲唐代頭號名妓並非偶然，與其官家女兒的身世
教養當不無關係。名媛和名妓之間差別，常只是身份地位和人生遭遇的不同，

〔註2〕見宋代章淵《槁簡贅筆》。

清代章學誠曾針對此言道：

> 蓋自唐、宋以迄前明，國制不廢女樂……前朝虐政，凡搢紳籍沒，波及妻孥，以致詩禮大家，多淪北里，其有妙兼色藝，慧善聲詩，都士大夫從而酬唱，大抵情綿春草，思遠秋楓，投贈類於交遊，殷勤通於燕婉，詩情閨遠，不復嫌疑，閨閣之篇，鼓鐘聞外，其道固當然耳，且如聲詩盛於三唐，而女子傳篇亦寡，今就一代計之，篇什最富莫如……薛濤……坊妓多文因接酬之繁，禮法名門，篇簡自非儀之誠，此亦其明微矣。〔註3〕

章學誠這段話，為唐代名妓才藝的來源至少作了兩點說明：第一是由於這些名妓有些其實就是出自於搢紳世家，其本身色藝兼具，實無須在風塵中培養。但因禮法約束，在名門閨閣中，必須儘量壓抑自己的才情，恪遵三從四德的規範，一旦淪為妓女，不論原因為何，總之是生命與人格的徹底轉折。從昔日謹守貞操婦德的閨媛，一變而為供人娛樂的女妓，她們在精神和肉體上可能不免要受折磨，但至少在道德上是獲得完全的解放，可以與四方文人雅士、將相豪富相往來，參與各種公開的社交活動，原本刻意壓制的才情，得以自由自在地多元發展。這自然使其藝術才華的種子，能因外在環境的滋養，而迅速開花結果，綻放耀眼的光芒。另一個促使唐代名妓才華洋溢的原因應是由於「都士大夫從而唱酬」所致，所謂「坊妓多文因接酬之繁」也，唐代士人狎妓的主要目的，多非為求性慾之發洩，因此一生理層次之需求，只須透過納妾的合法手段即可達成。重點在於唐代的門第婚姻，使得士人對浪漫愛情的憧憬，無法在婚姻生活中獲得，而一般良家婦女又不便自由接觸，於是士人只得從女妓身上，去滿足自己對愛情的渴望。女妓們為期能藉成為名士知音以求穩定自己的聲望地位與收入，也莫不努力提升自身在文學、藝術等方面的才藝，以迎合士人的需要。宮妓有朝廷專設的教坊為之養成場所，一般家妓、官妓自有其家主與地方政府予以教育訓練，而民間私妓因為競爭壓力更大，所以妓館鴇母甚至要自小收養女同加以培育，並延請專業人員來教導歌舞、酒令等才藝，〔註4〕以維持妓館的生計。因此在唐代一個名妓的養成，絕非僅靠出賣色相即可，其教養過程之艱難，可能不下於栽培一位藝術工作者。在工作中藉與文士的不斷交流，自然對名妓藝術才華的提升，有相當正

〔註3〕見章氏〈婦學〉文。
〔註4〕參《北里志・海論三曲中事》條。

面的幫助，前引文中章學誠繼續又說道：

> 夫傾城名妓，屢接名流，酬答詩章，其命意也，兼具夫妻朋友，可
> 謂善藉辭矣。而古人思君懷友，多託男女殷情，若詩人風刺邪淫，
> 又代佼狂自述，區分三種，蹊徑略同，品騭韻言，不可不知所辯也。

士人們在政治上得意，則同女妓共樂，失意更渴求女妓的溫柔撫慰。詩文酬答之間，名士與名妓實已形同夫妻、知己般的生命共同體。在潛移默化中，名妓的藝術才能自然隨著與士人頻繁的交往而發揮得淋漓盡致，此正唐代名妓才華洋溢之主因也。

第二節　妓之才藝成就

　　唐妓所創造的藝術成就，與大唐帝國多元的燦爛文化，可說是相互輝映，無論在談吐、詩文、歌舞及特殊才藝等方面，均有令人刮目相看的成績。以下就逐項來討論唐妓的藝術成就。

一、談　吐

　　中國人將說話視作一門高雅的藝術，大概是自《戰國策》一書編成後即有的觀念，迨六朝時《世說新語》問世，更可說集中國古代說話藝術之大成，成為魏晉風流下語言機智的代表性作品。到了唐代其風猶存，女妓們終日周旋於自命風流的文人雅士之間，除吟詩歌舞等必備才藝外，伶俐慧巧又聰明幽默的談吐技巧，也是不可或缺的。一則可化解妓宴上某些尷尬的場面，也能為女妓贏得狎客的肯定。有關唐妓在談吐方面的表現，在第三章第三節中論及《北里志》中諸妓「慧點諧謔」的特色時，已略有介紹，此處將再補充其他史料以討論之。

　　盛唐時成書的妓館遊記〈遊仙窟〉，因其時去六朝未遠，書中仍保有不少前朝的駢豔文風，其中尤其以男主角和十娘、五嫂二妓間，對某些物品富含性暗示的諷詠，最能見出當時女妓謔而不虐的言談風範，如：

> 於時硯在床頭，下官因詠筆硯曰：「摧毛任便點，愛色轉須磨，所
> 以研難覓，良由水太多。」十娘忽見鴨頭鑷子，因詠曰：「嘴長非
> 為嗍，項曲不由攀，但令腳直上，他自眼雙翻。」五嫂曰：「向來
> 大大不遜，漸漸深入也。」……酒巡到十娘，下官詠酒杓子曰：「尾

動惟須急，頭低則不平，渠今合把爵，深淺任君情。」十娘詠盞
曰：「發初先向口，欲竟漸伸頭，從君中道歇，到底即須休。」……
十娘因見射雉，詠曰：「大夫巡麥隴，處子習桑間，若非由一箭，
誰能爲解顏。」僕答曰：「心緒恰相當，誰能護短長，一床無兩好，
半醜亦何妨？」……十娘詠弓曰：「平生好須弩，得挽則低頭，聞
君把提快，再乞五三籌。」下官答曰：「縮幹全不到，抬頭則太過，
若令臍下入，百放故籌多。」

張鷟與女妓之間藉詠物以相挑逗，句句涉及情色卻又絲毫不著痕跡，令人讀
來不禁莞爾。這種機鋒慧辯的吟詠方式，正是唐妓談吐藝術的高度發揮。到
了中唐時期，名妓薛濤的詩才，固爲當世名士所傾倒，而她在談吐方面的急
智敏捷，也是同樣令人激賞。《雲溪友議・豔陽詞》條稱薛濤「能篇詠、饒詞
辯」，薛濤能詩此世人共知，可惜范攄並未舉例說明其「饒詞辯」之事，不過
仍可自其他文獻中獲得佐證：

西蜀官妓曰薛濤者，辯慧知詩，嘗有黎州刺史（原注：失姓名）作
「千字文令」，（須）帶禽魚鳥獸，乃曰：「有『虞』陶唐」，坐客忍
笑不罰，至薛濤，云「佐時阿『衡』」，其人謂語中無魚鳥，請罰，
薛笑曰：「衡字尚有小魚子，使君『有虞陶唐』，都無一魚。」賓客
大笑，刺史初不知覺。〔註5〕

所謂「千字文令」，乃是唐代酒令三大基本類型中「律令」的一種，〔註6〕引
文中的令格是取《千字文》中一句相酬答，句中須帶禽魚鳥獸之名。主要採
用「脫口說」的方式，在宴席中依次巡酒行令，違令者罰酒。這位不知名的
黎州刺史，可能是一時失察或才疏學淺，竟誤以「虞」爲「魚」，其他人只是
哂笑而已，不知該不該處罰他，薛濤卻是語帶玄機地說出一句乍聽之下不合
令格的句子，故意繞個圈子以造成反諷這位無知刺史的意外「笑果」，捧腹之
餘也不禁要對她的機智敏慧大表讚服。另外有一次也是在酒宴上以酒令妙答
來展現她過人的智慧，據宋代秦再思《記異錄》載：

高駢鎮成都，命酒佐薛濤改「一字令」，曰：「須得一字象形，又須
逐韻。」公曰：「口，有似沒梁斗。」濤曰：「川，有似三條椽。」
公曰：「奈何一條曲？」濤曰：「相公爲西川節度使，尚使一沒梁斗，

〔註5〕見《唐語林》卷六〈補遺〉，頁175。
〔註6〕另外兩種是骰盤令與拋打令，其詳請參本章第三節。

至於窮酒佐有三條橡，內一條曲，又何足怪？」〔註7〕
此處言高駢爲西川節度使，與薛濤時代不合，當爲其祖高崇文之誤，前輩學
者已多所辯證。〔註8〕所謂「一字令」應正名爲「一字慳音令」，〔註9〕其令格
是先舉一字象形，再以一與此字逐韻的句子對此字加以形容。高崇文是個「崇
武不崇文」的粗人，平時可能對待薛濤不厚，所以她技巧地用三條橡中有一
條曲的川字，來反諷高崇文身爲西川節度使，卻未能給府中官妓富足的生
活。

　　唐代名妓因本身才藝出眾，欲狎之客遂多，而女妓自我經濟能力充裕，
對狎客也不再來者不拒。如何能拒絕又不得罪狎客自是一門高度的藝術，拒
絕所用的語言技巧便極爲重要，宣城女妓史鳳堪稱此中能者，據《雲仙雜記》
卷一〈迷香洞〉條云：

> 史鳳，宣城妓也，待客以等差。異者，以「迷香洞」、「神雞枕」、「鎖
> 蓮燈」，次則「鮫紅被」、「傳香枕」、「八分羹」，下則不相見，以「閉
> 門羹」待之，使人致語曰：「諸公夢中來！」馮垂客於鳳，罄囊有銅
> 錢三十萬，盡納，得至迷香洞。（頁20，注引自《常新錄》）

女妓予人印象向來是男性玩物，不過如史鳳之輩，善於利用自身優點，掌握接
不接客的自主權，使願者爲其傾家蕩產在所不惜，而其不願見者則致之以閉門
羹。尤其一句「諸公夢中來」更是令人聞之莞爾，深歎其語言藝術之高妙也。

〔註7〕　另亦收於宋代皇都風月主人《綠窗新話》卷下〈薛濤妓滑稽改令〉條，頁138。
〔註8〕　據吳企明先生在《唐才子傳校箋》第三冊卷六〈薛濤〉條中云：「高駢鎮蜀，
　　　　時在乾符二年（西元875年），其時薛濤已死四十三年，時序不合，且高駢雅
　　　　有文才，駢詩五十首，存於《全唐詩》，而令詞之鄙，不類駢作。駢祖高崇文
　　　　授西川節度使（筆者按：其任西蜀鎮帥時在憲宗元和元年九月，任期僅到同
　　　　年十月，參王壽南《唐代藩鎮與中央關係之研究》附錄一「唐代藩鎮總表」，
　　　　頁788），據《北夢瑣言》卷七〈高崇文相國詠雪〉條所記之口占詩（按：全
　　　　詩爲「崇文崇武不崇文，提戈出塞號將軍，那個髒兒射落鴈，白毛空裏落紛
　　　　紛。」），可見言詞俚俗，〈一字令〉或爲崇文之作，後人記載傳開時，因姓同、
　　　　官職同而誤屬於高駢。」（頁108～109）。
〔註9〕　《唐才子傳》卷六〈薛濤〉條記此事將其書爲「一字慳音令」是正確的，
　　　　因「一字令」自有其令格，不全同於一字慳音令，其例可見《全唐詩》卷
　　　　八七九頁9951。有一次令狐楚與顧非熊飲酒，楚知非熊捷辯，遂改一字
　　　　令試之，令狐楚所改令爲「水裏取一鼉，岸上取一駝，將者（這）駝，來
　　　　駄者鼉，是爲駝駄鼉。」共有五句，其句尾字同用「駝」音，而顧非熊之
　　　　答令曰「屋裏取一鴿，水裏取一蛤，將者鴿，來合者蛤，是謂鴿合蛤。」
　　　　也是五句，而句尾同用「鴿」音，令狐楚聞之大奇，此即所謂「一字令」，
　　　　其每句的尾字必須以同一字音作結，不同於「一字慳音令」之僅須逐韻，
　　　　不必同一字音。

二、歌　舞

「倡」、「妓」二字，其原始意含本與音樂歌舞關係密切，這在第一章中已有詳論，女性天生溫柔婉約的特質，尤其適合歌唱、舞蹈等柔性藝術的表演。唐朝是一個中外藝術融合、南北經濟文化交流的時代，各種從域外諸國傳進的音樂、舞蹈，與中國本土固有者相互激盪，形成空前廣博高深的藝術內容。帝王后妃及朝中大臣，雅好音樂舞蹈或本身即擅於某一才藝者所在多是，如唐玄宗、宋璟擅擊羯鼓、楊貴妃擅舞霓裳羽衣曲、安祿山則精於胡旋舞等。當權者的喜好，自然容易帶動民間習歌舞的風氣，再加上城市經濟發達，提供士庶作歌舞娛樂消費的堅實支撐。在這種種有利因素的刺激下，遂出現了爲數眾多的歌舞名妓，其藝術成就之高之大，不僅唐以前的女妓望塵莫及，即使是唐以後的歷代名妓，恐怕也難與其相提並論。

在唐人相關詩文中，爲女妓歌舞表演而寫的作品，其數量之多實難一一列舉，可惜其中多數仍僅止於「觀妓舞」、「聽妓歌」的階段，未能爲女妓留下更多的相關資料。這一部份姑且只能當作是瞭解唐妓歌舞藝術的輔助財料，目前無法對其作進一步的討論。以下本文所討論的，主要是史料中能見及女妓名號和有關事跡者，分歌、舞兩部份，來看唐妓在此兩大傳統領域中的藝術成就。

論及唐代能歌之妓，據宋代王灼在《碧雞漫志》卷一中言：

> 古人善歌得名，不擇男女，唐時……女有穆氏、方等、念奴、張紅
> 紅、張好好、金谷里葉（氏）、永新娘、御史娘、柳青娘、謝阿蠻、
> 胡二姊、寵姐（一作姐）、盛小叢、樊素、唐有態、李山奴、任智方
> 四女、洞雲。

在王灼所舉的廿一人中，據有史料可考者，大多數爲女妓，其中念奴、張紅紅、永新娘（即許永新，本名許和子）、御史娘、謝阿蠻、寵姐、任智方四女等人，均爲盛唐及中唐時著名宮妓。〔註10〕張好好是宣城官妓，〔註11〕盛小叢爲越州「去籍之妓」，〔註12〕金谷里葉氏女則是成都鎮帥府的家妓，〔註13〕樊素則如第

〔註10〕念奴事見《開元天寶遺事・眼色媚人》條，張紅紅、許永新、御史娘事見《樂府雜錄・歌》條，謝阿蠻事見《楊太眞外傳》卷上，寵姐事見《開元天寶遺事・隔障歌》條，任智方四女事見宋代曾慥《類說》卷七〈教坊記・任智方四女〉條。

〔註11〕參杜牧〈張好好詩〉序文，《樊川詩集注》卷一，頁53。

〔註12〕參《雲溪友議》卷上〈錢歌序〉條。

四章第二節中所介紹，是白居易手下善歌楊柳枝詞的家妓。當然另外還有一些善歌的女妓，是王灼漏列的，如以傳唱元白詩為能的杭妓商玲瓏、擅唱〈羅嗊曲〉的淮甸妓劉採春及其擅唱楊柳枝詞的女妓周德華等。〔註14〕可以說，唐代女性歌唱藝術成就之足以傳世者，是以女妓為主流，其對唐代歌唱藝術貢獻之大，由此可知。據《開元天寶遺事‧眼色媚人》條云：

> 念奴者，有姿色，善唱歌，未嘗一日離帝左右，每執板當席顧眄，帝謂妃子曰：「此女妖麗，眼色媚人。」每囀聲歌喉，則聲出於朝霞之上，雖鐘鼓笙竽嘈雜而莫能過，宮妓中帝鍾愛也。

唐玄宗本身深富音樂造詣，他對念奴的讚譽應非虛言，關於念奴歌藝之精，吾人尚可自元稹的〈連昌宮詞〉中，得到進一步的證實：

> 力士傳呼覓念奴，念奴潛伴諸郎宿，須臾覓得又連催，特敕街中許燃燭，春嬌滿眼睡紅綃，掠削雲鬟旋裝束，飛上九天歌一聲，二十五郎吹管笛，逡巡大遍〈涼州〉徹，色色〈龜茲〉轟錄續。〔註15〕

據原詩中注稱「念奴，天寶中名倡，善歌，每歲樓下酺宴，累日之後，萬眾喧隘，嚴安之、韋黃裳輩闢易而不能禁，眾樂為之罷奏，玄宗遣高力士呼於樓上曰：『欲遣念奴唱歌，邠王二十五郎吹小管逐，看人能聽否？』未嘗不悄然奉詔，其為當時所重也如此。」唐妓之善歌者，常能一曲劃破雲霄，直入聽者心靈深處，使囂囂眾生頓時為之靜肅。念奴如此，另外在本文中屢次提及的宮妓許永新，也是一位歌聲能使「喜者聞之氣勇，愁者聞之腸絕」的歌唱藝術家。〔註16〕玄宗即曾公開讚許許永新「歌直千金」，〔註17〕寧王宮中的樂妓寵姐，其歌聲之妙，雖是隔障而歌，不見其人，聽後也讓一向自恃甚高的大詩人李白為之折服，連聲讚歎道「雖不許見面，聞其聲亦幸矣！」。〔註18〕另一位在代宗大曆年間曾被人奉為「記曲娘子」的宮妓張紅紅，則除了「喉音嘹亮」外，聰慧的天質與過人的記憶力，更是人所難及：

> 嘗有樂工自撰一曲，即古曲〈長命西河女〉也，加減其節奏，頗有

〔註13〕參沈亞之〈歌者葉記〉。
〔註14〕商玲瓏事參《苕溪魚隱叢話‧後集》卷十三頁 97，劉採春事見《雲溪友議》卷下〈豔陽詞〉條，周德華事參同書同卷〈溫裴黜〉條。
〔註15〕見《元稹集》卷二十四，頁 270。
〔註16〕參《樂府雜錄‧歌》條。
〔註17〕參《開元天寶遺事‧歌直千金》條。
〔註18〕見《開元天寶遺事‧隔障歌》條。

新聲，未進聞，先印可於（將軍韋）青出給曰：「某有女弟子，久曾
歌此，非新曲也。」即令隔屏風歌之，一聲不失，樂工大驚異，遂
請相見，歎伏不已，再云：「此曲有一聲不穩，今已正矣！」尋達上
聽，翌日召入宜春院。〔註19〕

〈長命西河女〉曲據《碧雞漫志》卷五引《理道要訣》云其「在林鍾羽，時
號平調，今俗呼高平調」，前引文中樂工為此曲改變節奏，張紅紅只聆聽一次
便能記住，又有辦法指出其中不穩之聲而為之正音。尤其令人驚奇的是，她
能夠在一千多年前，發明所謂「小豆記曲法」，既不須樂譜也不借重筆墨，而
能將所聽新曲一音一差地全部記下，這恐怕是同時代音樂家中獨一無二者，
可惜她這套小豆記曲法未能流傳後世，否則當可為中國音樂史再添光輝。

宮妓之外，官妓在歌唱方面的表現亦不遑多讓，其優者如盛小叢（一作
叢），據《雲溪友議》卷上〈餞歌序〉條云：

李尚書訥夜登越城樓，聞歌曰：「鴈門山上鴈初飛」，其聲激切，召
至。曰：「去籍之妓盛小叢也。」曰：「汝歌何善乎？」曰：「小叢是
梨園供奉南不嫌女甥也。所唱之音，乃不嫌之授也，今色將衰，歌
當廢矣！」時察院崔侍御元範，自府幕而拜，即赴闕庭，李公連夕
餞崔君於鏡湖光候亭，屢命小叢歌餞，在座各為一絕句贈送之。

據《全唐詩》卷八〇二載，盛小叢所唱者為〈突厥三臺歌〉，本是一首送別軍
人出塞遠征的曲子，其原詩為「鴈門山上鴈初飛，馬邑闌中馬正肥，日旰山
西逢驛使，殷勤南北送征衣。」（頁9032）小叢雖近人老色衰，但可能因將人
生閱歷中的悲歡離合，投注於所唱送別曲中，所以才會一曲而引起時任浙東
觀察使的李訥的注意，〔註20〕成為其餞別宴席的座上之客。越地能歌之妓甚
多，除盛小叢外，另有深為元稹傾倒的劉採春，她善唱〈望夫歌〉，即所謂〈羅
嗊曲〉，其曲原是為抒發獨守空閨的婦女望夫早歸的幽怨情緒所寫，「採春所
唱一百二十首，皆當代才子所作，其詞五、六、七言，皆可和矣。」我們且
擷取《全唐詩》卷八〇二中所錄兩首來欣賞：

不喜秦淮水，生憎江上船，載兒夫婿去，經歲又經年。

〔註19〕參《樂府雜錄・歌》條。
〔註20〕李訥傳見《新唐書》卷一六二頁5005～5006，其任越州刺史在宣宗大中六至
　　　　九年（西元852年～855年）（參郁賢皓《唐刺史考》第四冊頁1772～1773）
　　　　《雲溪友議》中稱其為李尚書，殆因李訥後曾任兵部尚書之故。

　　莫作商人婦，金釵當卜錢，朝朝江口望，錯認幾人舡。
如此哀怨的詞句，配上悲苦的曲調，再透過劉採春動人的歌喉加以闡釋，深有
同感者聽後自然要為之動情。難怪「採春一唱是曲，閨婦行人莫不漣泣」，元稹
讚她「更有惱人斷腸處，選詞能唱〈望夫歌〉」，理應非虛美之詞也。〔註21〕

　　家妓方面，白居易家的樊素因善唱楊柳枝詞而聲聞洛下，文士紛紛為其
賦詞之餘，甚至以曲名呼之，足見其歌藝之精，前章第二節中已有論述。另
一位也是出身洛陽，後來成為成都鎮帥家妓的葉氏女子，其歌藝實亦不在樊
素之下，據沈亞之〈歌者葉記〉云：

> 唐貞元中，洛陽金谷里有女子葉（氏），學歌於柳恭之下，初與其曹
> 十餘人居，獨葉（氏）歌成無等，後為成都率家妓，及率死，復來
> 長安中，而轂下聲家聞其能，咸為會，唱次至葉（氏）當引弄，及
> 舉音，則絃工吹師，皆失執自廢，既罷，聲黨相謂約慎語，無令人
> 得聞知……葉（氏）為人潔峭自處，雖諧者百態爭笑於前，未嘗損
> 色……自趙璧、李元憑，世稱為知音之尤，皆善鼓絃，及為余言葉
> （氏）之歌，使其妙自循，則音屬不知和矣！……故余著之，欲其
> 聞於後世也。

聲音是一種稍縱即逝的藝術，舞蹈猶能以圖像留下部份痕跡，聲音則必須借
用特殊儀器設備方能加以紀錄保存，今日各式聲光科技的進步，使吾人有幸
欣賞到善歌者的美妙聲音，或使多年前的遺音重現。但在唐代，人們則無此
幸運，想要一聆歌者的妙音，往往必須付出相當的經濟代價，非稍有資財者
實難為之，而培養一個善歌的女妓，其過程之艱難，可能不下於栽培一名歌
唱藝術家。除天份外，還要有足夠的經濟支援，才能使女妓在安定的環境中，
專心致意於提升自己的歌唱造詣。習藝既成後，更要在各式公開場合展現歌
喉，以磨鍊技巧並贏得社會的肯定。像沈亞之筆下的這位歌妓葉氏，其音聲
之曼妙，已達連樂師均自歎多餘的地步。其為人又「潔峭」，不因自己身份低
微而稍露卑俗樂妓的醜態，足見其歌藝同人品已合而為一，遺憾者為吾輩如
今已無緣一聆其歌聲。若非沈亞之留下這一段吉光片羽式的記載，或許今日
也無由得知唐代女妓中，曾有過這麼一位傑出的歌唱藝術家。其他未為人記
下，以致隨歲月堙沒者又不知凡幾，思及此，就更不由得要對這少數幾位史
有明載的藝術家歌妓，致上深深的敬意。

〔註21〕參《雲溪友議》卷下〈艷陽詞〉條。

　　歌唱之外，舞蹈是另一項唐妓的普遍才藝。唐人舞蹈種類繁多，據《樂府雜錄‧舞工》條的記載，主要可分「健舞、軟舞、字舞、花舞、馬舞」等五種，而健舞曲又有「稜大、阿連、柘枝、劍器、胡旋、胡騰」等，軟舞曲則有「涼州、綠腰、蘇合香、屈柘、團圓旋、甘州」等，每一種舞均有其獨特的藝術特色，其中自然也不乏優秀的女妓舞蹈家。據崔令欽《教坊記》記載，唐代左、右教坊相沿成習的專長是「右多善歌，左多工舞」，前文已述及善歌的宮妓，至於善舞的宮妓也不少，其中最有名的宮妓集體舞蹈成就，當屬「聖壽樂舞」，《教坊記》云：

> 開元十一年初，製「聖壽樂」，令諸女（妓）衣五方色衣，以歌舞之……
> 聖壽樂舞，衣襟各繡一大窠，皆隨其衣本色，製純縵衫，下纏及帶，
> 若短汗衫者以籠之，所以藏繡窠也。舞人初出，樂次，皆是縵衣舞，
> 至第二疊，相聚場中，即於眾中，從領上抽去籠衫，各內懷中，觀
> 者忽見眾女咸文繡炳煥，莫不驚異。

此即所謂「字舞」，其舞要義在於「以舞人亞身於地，布成字也」。〔註22〕從崔令欽的敘述來看，此舞須成文字，又要當場變服出奇，主要是由宜春院的內人宮妓來表演，算得上是盛唐隊舞中既繁復又絢爛者。有唐詩人張祜、王建等人，均曾著詩以詠宮妓此舞。〔註23〕聖壽樂舞的特色，在於女妓演出人數眾多（須一百四十人），衣著豔麗，且在舞蹈過程中變換舞服，使其表演呈現多采多姿的迷人風貌，因此雖含有濃厚為皇帝祈福祝壽的政治意味在，卻仍有頗高的藝術價值。玄宗天寶十二載時任殿中侍御史的平冽，曾目睹此舞而寫下〈開元字舞賦〉，從其歌詠文字中，吾人不難想像這群宮妓，如何共同地為唐代代舞蹈史留下傲人的扉頁：

> ……字以形言，舞以象德，肇開元兮是則。是知聖人之合舞也，既
> 所以誕敷文教，亦所以擬象周旋，……橫御樓於北極，張古樂於南
> 薰，八佾之羽儀繁會，七盤之綺袖繽紛。雷轉風旋，應鼉鼓以赴節，
> 鸞迴鳳舉，循鳥跡以成文……其漸也，左之右之，以引以翼，整神
> 容而裔裔，被威儀而抑抑，煙霏桃李，對玉顏而共春，日照晴霓，
> 間羅衣而一色，霧縠從風，宛若驚鴻，匿跡於往來之際，更衣於倏

〔註22〕參《樂府雜錄‧舞工》條。
〔註23〕見張祜〈退宮人二首之二〉詩，《全唐詩》卷五一一頁5840，王建〈宮詞〉之十七，《全唐詩》卷三〇二頁3440。

> 忽之中！始紆朱而曳紫，旋布綠而攢紅，……懿夫乍續乍絕，將超
> 復發，啓皓齒以迎風，騰星眸而吐月，搖動赴度，或亂止以成行，
> 指顧應聲，乃徐行而順節……〔註24〕

文人作賦自不免有誇張之處，但在平冽的賦文中，仍把舞妓「作字如畫」及
「迴身換衣」這兩個精彩的構思，形象化地描繪得相當逼真。使我們即使在
千餘年後，還是可從其字裏行間，去臨摹想像一百多位宮妓神采奕奕、面如
春風，羅衣飄舞如凌空游龍、雲中霞霓的壯麗畫面。

　　隊舞表現的是群體美，個人舞蹈則可使表演藝術展現精緻細膩的特色。
唐妓中個人舞者在舞蹈藝術上的表現，其成就也不亞於群體隊舞，如開元時
名倡公孫大娘善舞〈劍器行〉，據杜甫〈觀公孫大娘弟子舞劍器行〉詩序文云：

> ……開元三載（按：玄宗天寶三年始改年稱載，開元三年實應稱年
> 不稱載），余尚童稚，記於郾城，觀公孫大娘舞〈劍器渾脫〉，瀏灕
> 頓挫，獨出冠時，自高頭宜春、梨園二伎坊內人，泊外供奉舞女曉
> 是舞者，聖文神武皇帝初，公孫一人而已。……昔者吳人張旭，善
> 草書帖，數嘗於鄴縣見公孫大娘舞〈西河劍器〉，自此草書長進，即
> 公孫可知矣。〔註25〕

這位公孫大娘的確切來歷已難稽考，但從杜甫詩中所言「先帝侍女八千人，公
孫劍器初第一」，以及鄭嵎〈津陽門詩〉云玄宗慶生時，「都盧尋橦誠齷齪，公
孫劍伎方神奇」〔註26〕來研判，她很有可能是流落民間的善舞宮妓。劍器舞乃
唐人健舞中極品，以其獨特及稀少性而言，可能還是公孫氏自創的舞蹈。〔註27〕
其舞姿之雄健曼妙，可謂揉合女性溫婉與男性豪強於一身，杜甫詩中云道：

> 昔有佳人公孫氏，一舞〈劍器〉動四方，觀者如山色沮喪，天地為
> 久低昂，㸌如羿射九日落，矯如群帝驂龍翔，來如雷霆收震怒，罷
> 如江海凝青光……

把公孫大娘的〈劍器〉舞中雄健奔放的氣勢，高難度、快節奏的連續舞姿，
以及戛然而止時如晴光凝練的沈穩英姿，描述得十分生動，睹文如在目前。
此詩雖是杜甫追憶五十年前幼時的童年往事，所記可能稍有渲染，但從唐人

〔註24〕見《全唐文》卷四○六頁 5250 欄下～5251 欄上。
〔註25〕見《杜詩詳注》卷二十，頁 1815。
〔註26〕見《全唐詩》卷五六七頁，6563。
〔註27〕參歐陽予倩主編《中國舞蹈史·二編》，頁 108～111。

的其他著作中，卻可證明杜甫對公孫大娘舞〈劍器〉時高度藝術魅力的贊頌，是頗有事實根據的，例如李肇《國史補》卷上即云：

> 張旭草書得筆法，後傳崔邈、顏真卿，旭言：「始吾見公主、擔夫爭
> 路，而得筆法之意，後見公孫氏舞〈劍器〉，而得其神。」〔註28〕

藝術的原始精神本是相通，草師大家張旭能從公孫大娘舞〈劍器〉的神韻與技法中，融會貫通而使自己的草書境界大進，甚至影響到日後的顏真卿等人，正足以說明公孫大娘舞蹈造詣之高。

　　唐代健舞中除〈劍器〉外，〈柘枝〉是另一種廣受歡迎的舞蹈，此舞本非中土所有，其源應始於柘支（或稱石國）和呾邏斯一帶地方。〔註29〕它在唐朝時流傳較劍器舞尤盛，特別是自中唐以後，可能有許多習此舞的宮妓流落民間傳藝，而使得各地方的官妓、家妓，普遍都善於舞〈柘枝〉。〔註30〕李翱就曾經在潭州（今長沙）的一次宴席上，因問起一位柘枝妓的身世而演出一段「代姻舊嫁女」的佳話。〔註31〕唐代文人也留下不少詠贊柘枝舞或柘枝妓詩和賦，〔註32〕據今人研究，柘枝舞出舞時服裝甚是華麗：

> 頭戴卷沿虛帽，鑲崁珠玉或繡以文采，有的還綴著鈴鐺，穿著羅紗
> 做成的紫羅衫，鮮豔的裙裾，腰肢用帶子束得很細，腳上穿著錦靴，
> 面部化妝也很講究，濃眉大眼，並在額上畫賞花鈿。〔註33〕

柘枝舞的表演除服裝華麗、妝飾嬌豔之外，最吸引人的還在於其舞姿豐富、

〔註28〕另據《樂府雜錄‧舞工》條注云：「開元中有公孫大娘善舞〈劍器〉，僧懷素見之，草書遂長，概准其頓挫之勢也。」（亦見《明皇雜錄‧逸文》）然據宋代贊寧《宋高僧傳》卷十四〈唐京師恆濟寺懷素傳〉云，懷素乃太宗貞觀時人，逝於武后聖曆二年（西元699年），實無緣一睹玄宗時之公孫大娘舞技，此殆誤以懷素為張旭也。

〔註29〕參歐陽予倩主編《中國舞蹈史‧二編》，頁115～116。

〔註30〕如許渾〈贈蕭鍊師〉詩序中言：「鍊師，貞元初，自梨園選為內妓，善舞柘枝。」（《全唐詩》卷五三七頁6128）

〔註31〕參《雲溪友議》卷上〈舞蛾異〉條。

〔註32〕詩的部份有白居易〈柘枝妓〉（《全唐詩》卷四四六頁5006）、張祜〈周員外席上觀柘枝〉、〈感王將軍柘枝妓歿〉、〈觀杭州柘枝〉、〈觀楊瑗柘枝〉（同見《全唐詩》卷五一一頁5827）、李群玉〈傷柘枝妓〉（《全唐詩》卷五七○頁6613）、劉禹錫〈和樂天柘枝〉（《全唐詩》卷三六○頁4867）、以及薛能〈柘枝詞三首〉（《全唐詩》卷五五八頁6476）等，賦則有沈亞之〈柘枝舞賦〉（《全唐文》卷七三四頁9587欄上～9587欄下）、盧肇〈湖南觀雙柘枝舞賦〉（《全唐文》卷七六八頁10104欄下～10106欄上）。

〔註33〕見劉慧芬〈唐代軟舞健舞之最〉文，頁74。

變化多端，節奏明快，剛健、優雅並俱，手臂的舉袂、翹袖，腳步的進退、騰躍及身體的迴旋、偃臥等各式各樣不同姿態，迅速地交錯變換，令人目不暇接、眼花繚亂，心脈自然也隨著舞妓身體的躍動而澎湃，一旦入神觀賞則無暇顧及身外事物。此舞的伴奏樂器一般以鼓爲主，舞妓的出場，退場及節奏的變化等，均以鼓聲引導之，所謂「平鋪一合錦筵開，連擊三聲畫鼓催」，〔註34〕指的正是表演前以三通鼓聲引舞妓出場。又謂「鼓催殘拍腰身軟，汗透羅衣兩點花」，〔註35〕則是描寫舞蹈進入尾聲時，應著鼓聲作下腰之類的動作，而在舞蹈全部結束後，舞妓「斜斂輕身拜玉郎」，〔註36〕則頗似今日劇場的謝幕。此舞之難，除動作複雜多變外，還在於它在舞蹈進行的同時，必須由舞蹈者本人歌唱以助興，有云「俄舉袂以容曳，忽吐音而清越，一曲兮春恨深，一聲聲兮邊思發」，〔註37〕顯見要成爲一位優秀的柘枝妓，歌聲與舞藝二者缺一不可。〔註38〕也由於諸多柘枝妓的傑出表現，使得柘枝舞這種原本只是西域國家的邊疆民族舞蹈，在唐代及其後發生了廣泛的影響力。唐代徐凝有詩稱「身輕入寵盡恩私，腰細偏能舞柘枝，一旦新妝拋舊樣，六宮爭畫黑煙眉」，〔註39〕講的是晚唐五代時後宮佳麗爭學柘枝妓妝扮的情景。到了宋代其勢更盛，不僅把原本的單、雙人柘枝舞改編成規模龐大的百人隊舞，而且許多王公大臣都酷愛此舞，如名相寇準即因愛此舞近狂而被人呼爲「柘枝顛」。〔註40〕凡此種種，應該都不能不歸功於唐代那些在人群中默默貢獻的柘

〔註34〕見白居易〈柘枝妓〉，《全唐詩》卷四四六，頁5006。

〔註35〕見劉禹錫〈和樂天柘枝〉，《全唐詩》卷三六〇，頁4067。

〔註36〕見張祜〈周員外席上觀柘枝〉，《全唐詩》卷五一一，頁5827。

〔註37〕見盧肇〈湖南觀雙柘枝舞賦〉（《全唐文》卷七六八頁10105欄下）。另外張祜〈觀楊瑗柘枝〉詩有「緩遮檀口唱新詞」之句（見《全唐詩》卷五一一頁5827），白居易也有〈柘枝詞〉之作（見《白居易集》卷二十五頁578），足見唐代柘枝妓出舞時，當有專有其表演而作之曲調，由舞妓現場獻唱。

〔註38〕在歐陽予倩主編《中國舞蹈史・二編》的第二章第三節，有董錫玖先生根據唐代的詩詞歌賦等史料，推想出柘枝妓出舞時的風情，茲錄出以供參考：「鼓聲蓬蓬地響，漫步走出一位美麗的姑娘，她站在華美的地毯上面，向觀眾優雅地行了個禮，舞蹈開始了。前面一段節奏比較緩慢，逐漸轉爲急促，走、蹲、跪、下腰，姿態的變化十分豐富，旋轉起來金鈴響動，越顯得舞者體態輕盈。她時而飄然地把兩袖舉起，時而頓著雙腳踏著急促的拍子，裙裾也隨著飛舞，輕快的腳步和靈活的眼神，表達出愉快的情緒，吸引著觀眾的注意。在蓬蓬的鼓聲裏，姑娘又深深地行禮，結束了她的舞蹈。」（頁110～111）

〔註39〕見徐凝〈宮中曲二首之二〉，《全唐詩》卷四七四，頁5379。

〔註40〕參沈括《夢溪筆談》卷五云：「寇萊公好柘枝舞，會客必舞柘枝，每舞必盡日，

枝舞妓。

　　健舞之外，女妓在軟舞方面的表現也是可圈可點，此處我們舉〈綠腰〉舞爲例以說明之。綠腰本名〈錄要〉，又稱〈六么〉、〈樂世〉，爲唐德宗時樂工所進新曲。〔註41〕此曲常以琵琶單獨演奏，深受人們喜愛，許多唐人詩作中均提到這首曲子，〔註42〕白居易的〈楊柳枝詞〉中便有「〈六么〉、〈水調〉家家唱，〈白雪〉、〈梅花〉處處吹」〔註43〕之句。顯見此曲當時在民間流傳很廣，甚至連在吐蕃國境也可以聽到此曲的演奏。〔註44〕〈綠腰〉曲的舞姿輕盈優美，故《樂府雜錄》將其歸入軟舞類，唐人詩作中對〈綠腰〉曲子記述甚多。至於論及此曲所成舞蹈之姿態者則似非多見，其中以李群玉的〈長沙九日登東樓觀舞〉一詩所述較詳：

> 南國有佳人，輕盈〈綠腰〉舞，華筵九秋暮，飛袂拂雲雨，翩如蘭
> 苕翠，婉如游龍舉，越豔罷前溪，吳姬停白紵。慢態不能窮，繁姿
> 曲向終，低迴蓮破浪，凌亂雪縈風，墜珥時流盼，修裾欲遡空，唯
> 愁捉不住，飛去逐驚鴻。〔註45〕

此詩生動地描寫出女妓出舞綠腰曲時，由徐緩轉急速的諸多變化，流暢的舞步宛若遊龍凌空，優雅的舞姿變換無窮，低迴處如破浪出水的芙蓉，急舞時又如風中飛舞的雪花，舞妓修長的衣襟隨風飄揚，彷彿就要乘風而去，追逐那臨空驚飛的鴻鳥！如此優美的舞蹈，可惜唐人所遺史料中，僅此詩可供想像，欠缺具體圖像的輔助說明。幸而在距離晚唐不遠的五代南唐時，於顧閎中的名畫「韓熙載夜宴圖」中，正好有韓氏家妓跳綠腰舞的片段畫面，使我們能在千餘年後還能對此舞舞姿略加臨摹，〔註46〕之所以能確定舞妓所表演

　　　　時謂之『柘枝顛』。」

〔註41〕參《樂府雜錄‧琵琶》條、《碧雞漫志》卷三，以及白居易〈樂世〉詩序（《白
　　　　居易集》卷三十五頁810）。

〔註42〕如元稹〈琵琶歌〉云：「〈六么〉散序多籠撚，我聞此曲深賞奇」（《元稹集》
　　　　卷二十六頁304），白居易〈琵琶行〉云：「輕攏慢撚抹復挑，初爲〈霓裳〉後
　　　　〈綠腰〉」（《白居易集》卷十二頁242）

〔註43〕見《白居易集》卷三十一，頁714。

〔註44〕參《新唐書》卷二一六下〈吐蕃傳下〉云：「唐使者至，給事中論悉達熱來議
　　　　盟，大享於牙右，飯舉酒行，與華制略等，樂奏〈秦王破陣曲〉，又奏〈涼州〉、
　　　　〈胡渭〉、〈錄要〉、雜曲，百伎皆中國人。」（頁6103）

〔註45〕見《全唐詩》卷五六八，頁6579。

〔註46〕有關本圖的圖卷版本及畫中人物的介紹等，請參陳萬鼐先生〈撫談夜宴圖〉
　　　　一文，41～52。

者爲綠腰舞，乃因該圖跋文中有言：

> （韓熙載）遂放杯酒間，竭其財致妓樂殆百數以自汙。後主（按：
> 指李煜）累欲相之，聞其猱雜即罷。常與太常博士陳致雍、門生舒
> 雅、紫微朱銑、狀元郎粲、教坊副使李家明會飲。李之妹按胡琴，
> 公爲擊鼓，女妓王屋山舞〈六么〉，屋山俊惠非常，二妓公最愛之，
> 幼令出家，號「凝酥」、「素質」，後主每伺其家宴，命畫工顧宏中輩
> 丹青以進。

可見圖中那位在眾人奏樂助興下翩然起舞的纖柔女子，當即韓熙載的愛妓王
屋山，而其所展現的舞姿自是其擅長的綠腰舞。王屋山穿著簡單的窄長袖管
舞衣，背對著觀眾，從右肩上側過半邊臉來，微微抬起左腳，作勢正要踏下，
雙手又正好從後面向下張開，使她的窄長雙袖隨舞姿而飄揚起來，與前引李
群玉詩中中所描寫的綠腰舞姿，神韻頗能相合。因這是韓熙載家中的小型夜
宴，非正式公開表演，所以王屋山的衣著並不十分講究，而現場伴奏的樂器，
似乎只有大鼓與拍板，另有一男一女在旁拍掌相和，應是在爲王屋山的舞步
打節拍，連向來演奏〈綠腰〉曲必備的琵琶也省略了。但因這卷畫軸所附的
跋文對其時代、環境、舞妓及舞名等資料，記載得十分明確，因此仍不愧稱
是迄今爲止，有關唐五代綠腰舞的具體姿態，最珍貴而寫實的一手史料，使
我們能跳脫文字的障礙，對綠腰舞有一個明確清晰的概念。當然，顧閎中筆
下的王屋山舞綠腰，是否即唐代綠腰舞之原貌，目前難有定論，但從文化的
傳承上來說，唐、五代因時代接近，理應相去不遠。可以推知自中唐綠腰曲
問世之後，當有不少如王屋山輩的家妓或官妓，勤於演練此舞，使其藝術成
就能臻於李群玉前引詩中的境界，甚至到了宋代，它仍是最受人們歡迎的舞
蹈之一。〔註47〕

三、詩　詞

　　唐妓擅詩，此爲治唐史者所熟知，如《全唐詩》中就有二卷（卷八〇二、
八〇三）專錄女妓詩作，除薛濤一人獨佔一卷外，其餘能詩之女妓尚有三十人

〔註47〕據《碧雞漫志》卷三云：「歐陽永叔云：『貪看六么花十八』，此曲內一疊名
　　　　花十八，又四花拍，共二十二拍。樂家者流所謂花拍，概非其正也，曲節
　　　　抑揚可喜，舞亦隨之，而舞築球六么，至花十八，益奇。」所謂「花十八」
　　　　是宋代六么曲中的一段，既言人們「貪看」，可見其舞之精彩與受歡迎之程
　　　　度。

之多，〔註48〕實際當然不止此數。唐朝本是一個詩的黃金國度，當時女妓平日
與文人士子交接甚密，耳濡目染之下，久而久之自然也多能吟，尤其名家之作，
如能誦得白居易詩的妓女，還可向狎客公開要價，這種風氣無疑會鼓勵女妓樂
於習詩，進而嘗試自行創作，也因此唐妓中能詩者特多。其詩水平亦非泛泛，
寫下中國古代婦女文學史上極其輝煌的一頁，近人謝無量所謂「名妓工詩，以
男女慕悅之實，託詩人溫厚之詞，雅而有則，眞而不穢，不能以人廢，則婦人
文學，娼妓之作，何得不錄？坊妓能詩，自唐爲盛……」。〔註49〕龔鵬程則直稱
唐妓有「文人化」的傾向，認爲唐代「娼妓與文人，不僅是紅袖添香，抑且爲
文字知己。」〔註50〕而若要論及唐妓之能詩者，則要推薛濤爲第一把交椅。

　　薛濤的詩才，在當時即極受文士推崇，元稹就曾有〈寄贈薛濤〉詩贊其
「言語巧偷鸚鵡舌，文章分得鳳凰毛」，〔註51〕對薛濤在談吐和詩文兩方面的
才華倍加肯定。我們若從現存的薛濤詩中來實際賞析，即可見出她確實受之
無愧。薛濤的詩作，據說曾多達五卷，總數有五百多首，可惜在北宋以後即
離散爲一卷，〔註52〕今存者僅八十九首。按內容性質可分爲兩大類，一類是
與人唱酬贈答之作，此爲大宗，另一類則是抒情、詠物及寫景之作。在第一
類詩中，隨著酬和對的不同，詩意也表達出不同的心情，在薛濤細密的觀照
與眞情流露之下，世間事物往往能化無知爲有知，轉無情爲有情，宛若被賦
與性靈而栩栩如生，如〈段相國遊武擔寺病不能從題寄〉云：

　　　消度翻堪見令公，落花無那恨東風，儂心猶道青春在，羞看飛蓬石
　　　鏡中。

落花飄零，其魂已死，又怎能有「恨東風」的知覺？原來是作者憐花情切，
將自己因病不能從遊的幽思，投射在落花身上，使無根的花變成有情性的生
命體，恨起東風不識花兒盼望常在枝頭綻放的心情而狠心將其吹落。實際
上，就是暗暗在埋怨對方，不等自己病癒再遊，而徒然使青春在病中虛度。

　　在第二類詩中，薛濤更充份發揮其高度的修辭造詣，字句的選用，頗能

〔註48〕 參見本書附錄三。
〔註49〕 見氏著《中國婦女文學史》第二編下第五章，頁34。
〔註50〕 參氏〈論唐代的文學崇拜與文學社會〉一文，頁1～98。
〔註51〕 見《元稹集‧外集》卷七續補一，頁695。
〔註52〕 據晁公武《郡齋讀書志》卷十八〈薛洪度詩一卷〉條下注云：「覆案袁本作薛
　　　　濤《錦江集》五卷」（頁1106），章淵《槁簡贅筆》亦稱濤詩凡五百首，但此
　　　　五卷本之薛濤集大概自宋代以後即失傳，其詳請參《唐才子傳校箋》第三冊
　　　　卷六〈薛濤〉條頁111中吳企明先生之考證。

暗合詩的賞析上「藏與露」、「濃與淡」、「雅與俗」等不同境界的藝術美。所謂藏與露，劉勰以爲「情在詞外曰隱、狀溢目前爲秀」，〔註 53〕黃永武解釋得更詳盡：「隱是以繁複的含意爲工，秀是以卓絕的表現爲巧，可見隱藏微婉是一種美，快直鋪露也是一種美。」〔註 54〕如薛濤的〈牡丹〉詩中云「淚溼紅箋怨別離，傳情每向馨兒得，只欲欄邊安枕席，夜深閒共說相思。」展現的是一種內斂的比喻，而其中又夾雜著自我的情思，交織成繁密的詩網，衍伸出多元的遐思，造成耐人尋味的想像，「藏」的藝術正在此也。而在「露」的快鋪直敘上，也都能眞切合宜，恰如其分，如以「魄依鉤樣小」（〈月〉）詠月、「飄弦戾一聲」（〈風〉）詠風、「露滌清音遠」（〈蟬〉）詠蟬等等，均甚能適切傳達所詠者之神韻。另外在「濃與淡」的調配上，濤詩也見深意，如〈菱荇沼〉詩中以「綠藻、柳絲、水荇葉」等來形容綠得濃重，〈金燈花〉中又以「囊囊葉、豔豔叢」來描繪豔得明麗，而當她用淡雅的筆調入詩時，又往往能突顯詩句中蒼勁的主題而不致流於平淡無奇，如〈江邊〉詩云：

> 西風忽報雁雙雙，人世心形兩自降，不爲魚腸有眞訣，誰能夜夜立
> 清將。

《名媛詩歸》中評此詩稱其「眞有煙波萬里、蒼茫一碧」之妙，清淡中不脫豪邁瀟灑。至於雅俗互見的例證，可由下面兩首詩中得其梗概：

> 憑欄卻遇騎鯨客，把酒臨風手自招，細雨聲中停去馬，夕陽影裏亂
> 鳴蜩。（〈西巖〉）

> 秋風彷彿吳江玲，鷗鷺參差夕陽影，垂虹納納臥譙門，雉堞昈昈俯
> 漁艇，陽安小兒拍手笑，使君幻出江南景。（〈江月樓〉）

〈西巖〉詩由憑欄憶客開始，「把酒」、「臨風」、「招手」等，盡是人間俗事，而後將感情凝結於細雨聲中馬停、夕陽影裏蜩鳴，雅意便出。〈江月樓〉詩則由景物的雅致，鋪陳出「小兒拍手笑」的通俗，其下又接上「使君幻出江南景」句，詞意新警非鄙，則是在沉雅中呈現樸拙之美。

　　薛濤以一介女妓之流，終日週旋於名人雅士間，然其詩亦非全爲吟詠風花雪月之作，對於西川的邊境情勢，她也有所瞭解與關切，如〈罰赴邊有懷上韋令公二首之一〉云：

> 聞道邊城苦，今來到始知，羞將門下（一作筵上）曲，唱與隴頭兒。

〔註 53〕見宋代張戒《歲寒堂詩話》卷上。
〔註 54〕參氏著《中國詩學‧鑑賞篇》，頁 159。

〔註55〕

明代詩評家楊慎在《升菴詩話》卷十一中對這首詩曾推許道：「有諷諭而不露，得詩人之妙，使李白見之，亦當叩首，元白（之）流紛紛停筆，不亦宜乎？」，今人嚴紀華所評更深刻：

> 其中一「羞」字情韻最佳，反襯邊城之「苦」，淋漓盡致，而「筵上曲」與「隴頭兒」除在字格的對仗工整之外，詩意的對比尤其珍貴，和「春風夢裏人，無定河邊骨」，實有相同悲切的警諷作用。〔註56〕

可說是對楊慎所謂「李白叩首、元白停筆」之說，作了極貼切的說明。再看她的另一首〈籌邊樓〉：

> 平臨雲鳥八窗秋，壯壓西川四十州，諸將莫貪羌族馬，最高層處見邊樓。

「籌邊樓」是李德裕任劍南西川節度使時，爲防吐蕃入寇所建的軍事防禦工程，〔註57〕而唐代邊疆將帥，也確有統領無緒，爲貪得羌人羊馬而致邊亂之事發生過。〔註58〕此足以說明薛濤對時事的關切與瞭解，實非一般女妓可比，故《名媛詩歸》評此詩「教戒諸將，何等心眼，洪度豈直女子哉？固一代之雄也！」

　　有唐女妓工詩者眾，但能像薛濤詩作如此之多，品味如此之高者實不多見。其在中晚唐時已甚受當時人之肯定，張爲的《詩人主客圖》中，載「清奇雅正」、「升堂」者，七人之中薛濤是唯一入選的女詩人，可見她在中晚唐詩壇地位之高。元代辛文房對她的一段評述，應可作爲吾人了解薛濤詩藝術成就的參考：

> 其所作詩，稍欺良匠，詞意不苟，情盡筆墨，翰苑崇高，輒能攀附，殊不意裙裾之下，出此異物，豈得匪其人而棄其學哉？〔註59〕

薛濤之外，唐代亦不乏其他「能華藻，才色雙美」，〔註60〕的女妓，成就雖不

〔註55〕此詩在明代楊慎《升菴詩話》卷十一〈薛濤〉條有錄，其注云「此薛濤在高駢宴上樂府也」，清代沈德潛《唐詩別裁》卷四亦稱薛濤此詩爲「高駢席上作」，顯係承自楊慎之說。薛濤不與高駢同時，高駢應是高崇文之誤書，請詳參本章註8。

〔註56〕見氏碩士論文〈全唐詩婦女詩歌之內容分析〉，頁87。

〔註57〕參《舊唐書》卷一八○〈李德裕傳〉，頁5331。

〔註58〕參《舊唐書》卷一九八〈西戎・黨項羌傳〉，頁5239。

〔註59〕見《唐才子傳》卷六〈薛濤〉條。

〔註60〕見《唐才子傳》卷二〈李季蘭〉條評語。

如薛濤，然而吉光片羽之作亦足以彰顯唐妓的不俗。如以續一詩而成大名的武昌妓：

> 韋蟾廉問鄂州，及罷任，賓僚盛陳祖席，蟾遂書文選句云：「悲莫悲
> 兮生別離，登山臨水送將歸」，以賤毫授賓從，請續其句，座中悵望，
> 皆思不屬，逡巡，女妓泫然起曰：「某不才，不敢染翰，欲口占兩句。」
> 韋大驚異，令隨口寫之：「武昌無限新栽柳，不見楊花撲面飛。」座
> 客無不嘉歎，韋令唱作〈楊柳枝詞〉，極歡而散，贈數十箋，納之，
> 翌日共載而發。〔註61〕

清代沈德潛《唐詩別裁》卷四評此詩曰：「上二句集得好，下二句續得好」，武昌妓的即席佳作，不僅提高了自己的身價，也為其風月生涯，贏得美好的未來。當然，並非每個女妓均能如此幸運，綾羅錦緞的生活雖然優裕，但失卻人性尊嚴的卑賤地位卻無法彌補，大部份女妓，對人生、對愛情，恐怕都是如同「枕前淚與階前雨，隔個窗兒滴到明」。〔註62〕不過也有部份女妓，並不全然悲觀，還喜用幽默的詩句來作生活消遣，如前文「談吐」條中提到的宣城女妓史鳳，除將狎客予以分級待遇堪稱一絕外，她更為自己的七種待客之道各賦詩一首，我們且在三種不同等級中各取一首來欣賞：

> 〈迷香洞〉：洞口飛瓊佩羽霓，香風飄拂使人迷，自從邂逅芙蓉帳，
> 不數桃花流水溪。

> 〈鮫紅被〉：肱被當年僅禦寒，青樓慣染血腥紈，牙床舒卷鵷鸞共，
> 正值窗櫺月一團。

> 〈閉門羹〉：一豆聊供遊冶郎，去時忙喚鎖倉琅，入門獨慕相如侶，
> 欲撥瑤琴彈鳳凰。

對上等狎客的痴情迷戀，對次等者的可有可無，及對不想接待者的幽默諷刺，藉著詩句不難瞭解到，史鳳確是一位頗具個人品味的女妓。

孫棨在《北里志‧序》中曾謂「比常聞蜀妓薛濤之才辯，必謂人過言，及睹北里二三子之徒，則薛濤遠有慚德矣！」此話自是孫棨的一己之見，無損於薛濤詩藝術的永恆性。但的確不容否認地，平康女妓中也有不少詩才出眾者，如本文曾多次提及的王福娘，有一首頗為自負的詩稱：

> 若把文章邀勸人，吟看好個語言心，雖然不及相如賦，也值黃金一

〔註61〕見《太平廣記》卷二七三〈武昌妓〉條，頁 2155，注引自《抒情集》。
〔註62〕見徐月英〈句〉，《全唐詩》卷八○二，頁 9034。

兩斤。

唐代女妓如王福娘之輩，其仰慕前賢的對象實已超越一般的閨媛，而將自己的詩作大膽擬於司馬相如，不可不謂是一種高度的自我肯定。

唐妓能詩者多，不遑在此一一細舉，其中大家者如薛濤，堪稱此中第一流人物而無愧，其餘女妓作品雖少，也不乏可觀之處。這些詩作不僅豐富了唐代的婦女文學，也使整部中國文學史有過文體上的大轉變。王書奴就曾對唐妓肯定地說道：「唐代娼妓，因其能『作詩』、能『誦詩』、能『解詩』的緣故，中唐以後新文體——詞的產生，妓女有絕大功勞。」〔註63〕有關唐妓與詞發展的關係，在下一節中會再作討論，這裏要說的是，唐代女妓雖是被迫種植在黑暗淵藪中的罪惡之花，但卻因其自身努力，在文學的土壤上綻放一朵又一朵的美麗詩花，如果說她們在人格上已被壓埋入地底，則其所創造出的詩藝成就，無疑就是破土而出的燦爛奇葩！

四、書　畫

有唐一代不僅詩風鼎盛、人才輩出，在書法與繪畫藝術上，也都達到空前輝煌的成就，宋代蘇軾即謂：

> 知者創物，能者述焉，非一人而成也；君子之於學，百工之於技，自三代歷漢至唐而備矣！故詩至於杜子美，文至於韓退之，書至於顏魯公，畫至於吳道子，而古今之變，天下之能事畢矣！〔註64〕

在此時代風潮之影響下，唐妓除工於詩外，能書、能畫者自亦有之，只是書畫之保存重真跡，不似詩詞可大量傳抄吟詠而唐妓的書畫作品如今多已堙沒，吾人也只能從僅存雪泥鴻爪般的有限史料中，略知唐妓在這方面的藝術成就。

唐妓之善書法者，仍要首推名妓薛濤，據《宣和書譜》卷十〈達磨銘〉條云：

> 婦人薛濤，成都倡婦也，以詩名當時，雖失身卑下，而有林下風致，故詞翰一出，則人爭傳以為玩作，字無女子氣，筆力峻激，其行書妙處，頗得王羲之之法，少加以學，亦衛夫人之流也。每喜寫己所作，詩語亦工，思致俊逸，法書警句，因而得名，非若公孫大娘舞

〔註63〕見氏著《中國娼妓史》，頁98。
〔註64〕見蘇軾〈書吳道子畫後〉，《蘇東坡全集》卷二十三，頁306。

劍器、黃四娘家花，託於杜甫而後有傳也。今御府所傳行書一。

這段記載點出了薛濤詩之所以能夠傳世久遠的原因，與其善於書法當有莫大關係。因書帖本身即具藝術價值，再加上詩作品味不俗，故樂於收藏者眾，自然使其詩能廣爲世人所知。否則，像前文所言續韋蟾句的武昌妓，自言「不敢染翰」，就必須像公孫大娘一樣，靠別人爲其捊筆爲文，其傳播效果自然不如能自調翰墨者，故薛濤能成其有唐第一詩妓之名，書翰才藝實功不可沒。據近人研究，南宋權相賈似道曾收藏薛濤〈萱草〉詩的眞蹟本，元朝時還有人以此〈萱草〉本爲摹帖，明代的胡震亨也說此一〈萱草〉詩行書本乃「宣和書譜眞蹟」之一。〔註 65〕遺憾的是，在歷經多次戰火洗劫之後，此一極具歷史價值的唐妓藝術眞跡已告失傳，今人也只能從「行書妙處，頗得王羲之之法」等簡要評語，去鉤勒薛濤書法眞蹟之可能形貌矣。

言及薛濤的書法，當然不能不連帶提到著名的「薛濤箋」（又名「浣花箋」），因爲薛濤的一手好字，很多都寫在她獨家特製的這種小箋紙上：

元和之初，薛濤好製小詩，惜其幅大，不欲長騰，乃狹小之，蜀中

才子既以爲便，後減諸牋亦如是，特名「薛濤牋」。〔註 66〕

薛濤箋之所以受人喜愛，除薛濤本人的詩名相助外，其製作的過程也有異於常者。四川成都本是唐代紙業中心，普通蜀紙是就地取材，以麻爲主要原料，而薛濤箋的主要材料則是芙蓉科的大樹皮，所製出者爲紅色小幅的紙箋，其可觀處在顏色而非質料，之所以能調出美麗的深紅色，主要就是因爲薛濤在成都郊外浣花溪畔的住家附近，有一水質奇佳的百花潭，成都紙工大多聚居在附近從事製紙工藝。〔註 67〕薛濤製箋用的的「玉女津」井，所取即此潭之水，後來這口井還因其盛名而被改稱「薛濤井」。在她逝後，此井被地方政府納爲公物，派專人日夜顧守，每年並定期派紙匠在此製紙，而且所製之紙僅准用作上奏之表疏，不准在市面上販售，〔註 68〕其所受尊崇可見一斑。成都百姓千餘年來感念薛濤不已，非僅爲其設立塑像，「薛濤井」如今更被規劃爲名勝古蹟，供人緬懷。〔註 69〕

〔註 65〕其詳請參《唐才子傳校箋》第三冊卷六，頁 103。
〔註 66〕見《南部新書·壬》，另相關之史文可見於李匡義《資暇集》、景煥《牧豎閒談》、李石《續博物志》卷十，以及元代費著〈蜀牋譜〉。
〔註 67〕詳參黃敏枝〈唐代成都的經濟景況〉。
〔註 68〕參明代何宇度《益部談資》卷中。
〔註 69〕有關薛濤井自唐以後在歷史上的變遷，及其在中國歷史上的文化價值，可詳

　　薛濤用此種小箋寫詩，與當代名士唱酬往來，一時間蔚爲風氣，一般士子也紛紛起而仿效。中、晚唐直迄北宋，薛濤箋都仍是士人間相互餽贈的紙中珍品，〔註70〕晚唐韋莊的〈乞彩箋歌〉，頗能表現出當時士人喜愛薛濤箋之一般：

　　　浣花溪上如花客，綠闇紅藏人不識，流得溪頭瑟瑟波，潑成紙上猩
　　　猩色，手把金刀裁彩雲，有時剪破秋天碧，不使紅霓段段飛，一時
　　　驅上丹霞壁，蜀客才多染不供，卓文醉後開無力，孔雀銜來向日飛，
　　　翩翩壓折黃金翼，我有歌詩一千首，磨礱山岳羅星斗，開卷長疑電
　　　雷驚，揮毫只怕龍蛇走，班班布在時人口，滿袖松花都未有，人間
　　　無處買煙霞，須知得自神仙手，也知價重連城璧，一紙萬金猶不惜，
　　　薛濤昨夜夢中來，殷勤勸向君邊覓。〔註71〕

韋莊曾在成都浣花溪畔杜甫草堂原址居住多年，距薛濤住處及製箋處均近，〔註72〕按理他應該曾親眼目睹晚唐薛濤箋的製作過程。其定居杜甫草堂時，距離薛濤逝世已有七十年之久，〔註73〕但由其詩中知薛濤箋仍如凡間聖品般「價重連城」、「一紙萬金」，吾人在讚歎薛濤書法藝術的同時，實不宜忽略她在製紙工藝上的傑出表現與深遠影響。

　　薛濤之外，唐妓中尚有其他工書者，如：

　　　京兆韋氏子，舉進士，門閥甚盛，嘗納妓于洛（一作潞），顏色明秀，
　　　尤善音律，慧心巧思，眾寡其倫。韋曾令寫杜工部詩，得本甚舛缺，
　　　妓隨筆鉛正，文理曉然，以是韋頗惑之。〔註74〕

韋氏妓除善音律外，又能手寫杜工部詩，顯見其書法造詣亦非泛泛之輩，又如《雲仙雜記》卷一〈鳳窠群女〉條載：

　　　參陳友山〈試說薛濤井的文化價值〉一文。
〔註70〕如李商隱〈送崔玨往西川〉詩云「浣花箋紙桃紅色，好好題詩詠玉鉤」（《李
　　　商隱詩歌集解・編年詩》篇，頁599），又司空圖〈狂題十八首之十三〉云「應
　　　到去時題不盡，不勞分寄校書箋」（《全唐詩》卷六三四頁7274），北宋司馬光
　　　則有〈蜀箋二軸獻太傅周年葉兄〉詩云「西來萬里浣花箋，舒卷雲霞照手鮮，
　　　書筒久藏無可稱，願投詩客助新編。」（《成都文類》卷十一頁8欄上），可爲
　　　薛濤箋迄晚唐、北宋時均尚流行之明證。
〔註71〕參《韋莊集校注・補遺》，頁400。
〔註72〕參《唐才子傳》卷十〈韋莊〉條。
〔註73〕其詳請參《唐才子傳校箋》第四冊卷十〈韋莊〉條，頁330中周祖譔、賈晉
　　　華二先生之相關考證。
〔註74〕見《太平廣記》卷三五一〈韋氏子〉條，頁2780，注引自《唐闕史》。

姑臧太守張憲使娼妓⋯⋯代書札者，號「墨娥」。

娼妓而能代太守書寫公文函件，「墨娥」的雅號當非浪得虛名。

《全唐詩》卷七八三頁8844中，收有任生〈投曹文姬書〉一詩，其注云：「文姬，長安中倡女，工翰墨，時號『書仙』」，似乎曹文姬是唐代另一個能書的名妓。但此事其實是《全唐詩》編者之無心誤記，把北宋女妓誤值爲唐妓，其事雖微，然因涉及史實眞貌，爲免以訛傳訛，貽誤後世，必須在此一辨。曹文姬之事，詳載於宋代皇都風月主人所著《綠窗新話》卷上〈任生娶天上書仙〉條，其云：

> 曹文姬，本長安娼女也，生四、五歲，好文字戲，每讀一卷，能通大義，人疑其夙習也。及笄，姿豔絕倫，尤工翰墨，自牋素外，至於羅綺窗戶，可書之處，必書之，日數千字⋯⋯人號爲「書仙」，筆力爲關中第一。⋯⋯有岷江任生，客於長安，賦才敏捷，聞之喜曰：「吾得偶矣！」⋯⋯遂以爲偶。

前面兩句話，與〈李娃傳〉開頭的「汧國夫人李娃，長安之娼女也」幾乎如出一轍，如果匆匆一閱遽爾判定其時代，自然很容易以爲是在講唐人。但後文又言及曹文姬在與任生成親五年後，忽有天上使者來引曹文姬歸天庭云：

> 仙樂飄空，異香滿室，家人驚異，共窺見朱衣吏持玉版，朱書篆文，且曰：「李長吉（即李賀）新撰〈白玉樓記〉就，天帝召汝寫碑，可速駕無緩！」家人曰：「李長吉，唐之詩人，迄今三百年，焉有此，妖也！」女笑曰：「非爾等所知，人世三百年，仙家猶傾刻耳。」⋯⋯以其所居地爲「書仙里」。

李賀因英年早逝，生前又抑鬱不得志，後人頗怠其人才華與際遇之不相稱，其死後遂有升天爲神仙中人，並因能文而爲天帝召爲又庭新宮白玉樓作記之民間傳說。〔註75〕其事雖虛誕，但後世好美談，遂以虛誕爲眞，曹文姬之事亦借此而得傳佈。李賀卒於憲宗元和十一年（西元816年），〔註76〕年僅廿七，依引文中所言，曹文姬事在其後三百年，正值北宋徽宗政和年間（西元1111年～1118年），顯見這雖是一則傳奇故事，亦有其時間先後之順序，非可任意編派者。有宋一代工書之名妓甚多，〔註77〕曹文姬也可能是其中之一，且略

〔註75〕其事可參《太平廣記》卷四十九〈李賀〉條，頁304，注引自《宣室志》。
〔註76〕參《唐才子傳校箋》第二冊卷五〈李賀〉條頁285，吳企明先生所作之考證。
〔註77〕其人可參嚴明《中國名妓藝術史》第三章第五節，頁71～73。

帶神秘色彩者，而此事絕非發生在唐代，則不待多言。《全唐詩》編者不察而致張冠李戴之誤，今人亦不乏襲其誤者，〔註78〕藉此淺釋希能有助糾正視聽，還其史實本貌。

　　至於在繪畫藝術方面，唐妓中唯一留下史料可尋的，大概只有蒲妓崔徽，然其事蹟亦頗多傳聞訛誤之處，必須在此一辨。據宋代張君房《麗情集‧卷中人》條云：

> 唐裴敬中爲察官，奉使蒲中，與崔徽相從，敬中回，徽以不得從爲恨，久之成疾。自寫其眞以寄裴曰：「崔徽一旦不如卷中人矣！」

若依張君房所述，崔徽可稱是唐妓中善於人物畫者，她以自己爲模特兒，竟能畫出本人都自歎不如的畫像來，其藝不可謂不高。不過，同是宋人著作，於此事卻另有異說，皇都風月主人《綠窗新話》卷上有〈崔徽私會裴敬中〉條，其文末雖是注引自《麗情集》，卻與前引文所述差異頗大：

> 崔徽，蒲妓也，同郡裴敬中爲梁使蒲，一見爲動，相從累月。敬中言旋，徽不得去，怨抑不能自支。後數月，敬中密友東川白知退至蒲，有丘夏善寫眞，知退爲徽致意於夏，果得絕筆。徽特畫謂知退曰：「爲妾謝敬中，崔徽一旦不及卷中人，徽且爲郎死矣！」明日，發狂，自是移疾，不復舊時形容而死。

在此一士妓戀的悲情故事中，崔徽不再是自我作像的人物畫家，而是畫工丘夏的名妓模特兒，與前引張君房文截然不同。惟論諸史實，可能要以後一說較爲可信。裴敬中其人兩唐書無傳，亦未見載於其他史文，白知退即白行簡，他在憲宗元和年間曾任劍南東川節度使府的掌書。〔註79〕引文中稱「東川白知退」，所指非其籍貫，當是此事發生於其任職於東川時，且流傳甚廣、知者頗眾，元稹就有一首〈崔徽歌〉詠其事云：

> 崔徽本不是娼家，教歌按舞娼家長，使君知有不自由，坐在頭時立在掌，有客有客名丘夏，善寫儀容得恣把，爲徽持此示敬中，以死報郎爲終始。〔註80〕

〔註78〕如萬獻初先生所著《中國名妓》一書上篇〈中國名妓百人傳‧曹文姬〉條（頁32～33）以及下篇〈中國名妓散論‧歷代名妓與書法繪畫〉條（頁204），另外王元軍《唐代書法與文化》頁114及廖美雲《唐伎研究》頁285中，均將曹文姬歸作唐代名妓，實襲《全唐詩》之誤也。

〔註79〕參戴偉華《唐方鎮文職僚佐考》，正文〈劍南東川‧白行簡〉條，頁546。

〔註80〕見《元稹集‧外集》卷七續補一，頁696。

其詩題下有注曰：

> 崔徽，河中府娼也。裴敬中以興元幕使蒲州，與徽相從累月，敬中
> 便還，崔以不得從爲恨，因而成疾，有丘夏善寫人形，徽託寫眞寄
> 敬中曰：「崔徽一旦不及畫中人，且爲郎死。」發狂卒。

今所見〈崔徽歌〉雖非完璧，但元稹是當時人言當時事，其說應有較高之可信度。由此觀之，前引《麗情集》謂崔徽爲唐妓中之能畫者，恐怕只是好事者之誤傳，非事實也。

五、其　他

除以上所論「談吐」、「歌舞」、「詩詞」及「書畫」等四方面的才藝外，妓在其他方面的才藝表現，也是可圈可點，以下茲舉「樂器演奏」與「百戲表演」二項論述之。

娼妓本脫身自音樂，歌舞之外，樂器演奏亦爲多數唐妓所長。然其成就一如歌聲稍縱即逝，全賴文士欣賞後憑印象記錄，方能流傳後世，如此史料可謂得來不易。爲免繁冗蕪雜，以下先依聞見所及，製成一「唐妓善樂器者一覽表」，以明妓在各種樂器演奏上的表現，表後再作討論。

表十　唐妓善樂器者一覽表

樂器名稱	妓　名	資料出處
琵　琶	某商人婦	白居易〈琵琶行〉（全詩・435・4821）
	某王琵琶妓	白居易〈聽琵琶妓彈略略〉（全詩・447・5035）
	王內人	李群玉〈王內人琵琶引〉（全詩・568・6583）
	某琵琶妓	李群玉〈贈琵琶妓〉（全詩・570・6612）
	楊家小妓	白居易〈哭師皋〉（全詩・453・5130）
	鄭中丞	《樂府雜錄・琵琶》條
箏	沈妍、薛滿	《雲仙雜記》卷二〈辨琴秦楚聲〉條
	張均妓	《雲仙雜記》卷五〈高麗絲結〉條
	崔七妓人	白居易〈聽崔七妓人箏〉（全詩・438・4876）
	伍　卿	李遠〈贈箏妓伍卿〉（全詩・519・5936）
	王孫家妓	李商隱〈和鄭愚贈汝南王孫家箏妓二十韻〉（全詩・541・6237）
	謝　好	白居易〈霓裳羽衣歌〉（全詩・444・4970）

	薛瓊瓊	《麗情集・薛瓊瓊》條、《綠窗新話》卷下〈崔寶羨薛瓊瓊彈箏〉條
	崔十娘	〈遊仙窟〉
	秀奴、七七	《因話錄》卷二〈商部上〉條
笙	小　紅	劉禹錫〈竇夔州見寄寒食日憶故姬小紅吹笙因和之〉（全詩・359・4056）
	吹笙內人	白居易〈吹笙內人出家〉（全詩・462・5256）
	笙　妓	李群玉〈和吳中丞悼笙妓〉（全詩・569・6599）
	沈　平	白居易〈霓裳羽衣歌〉（全詩・444・4970）
觱篥	李相妓人	溫庭筠〈觱篥歌〉（全詩・575・6698）
	陳　寵	白居易〈霓裳羽衣歌〉（全詩・444・4970）
胡琴	胡琴妓	王仁裕〈荊南席上詠胡琴妓二首〉（全詩・736・8401）
	夢　蘭	《纂異記・韋鮑生妓》條
箜篌	商玲瓏	白居易〈霓裳羽衣歌〉（全詩・444・4970）
	季齊臯女	《樂府雜錄・箜篌》條
簫	吹簫妓	杜牧〈傷友人悼吹簫妓〉（全詩・525・6009）
琴	蕭君姬人	盧仝〈聽蕭君姬人彈琴〉（全詩・389・4389）
越器	天　得	方干〈李戶曹小妓天得善擊越器以成曲章〉（全詩・651・7481）
羯鼓	小　妓	宋齊丘〈陪華林園試小妓羯鼓〉（全詩・738・8415）
方響	小　倩	《纂異記・韋鮑生妓》條
五弦	素　娥	《甘澤謠・素娥》條

說明：「資料出處」欄中「全詩」代表《全唐詩》，其後數字分別是資料所在之卷與頁。

　　由上表可以看出，唐妓所擅長的樂器中以琵琶、箏、笙及箜篌等絲竹樂器為大宗。其中最著稱的，殆屬日後嫁作商人婦而在潯陽江口巧遇白居易的無名女妓，在白居易〈琵琶行〉詩的如花妙筆襯托下，此妓的琵琶演奏媲乎已達出神入化之境界：

　　千呼萬喚始出來，猶抱琵琶半遮面，轉軸撥弦三兩聲，未成曲調先有情，弦弦掩抑聲聲思，似訴平生不得意，低眉信首續續彈，說盡心中無限事，輕攏慢撚抹復挑，初為〈霓裳〉後〈六么〉，大弦嘈嘈如急雨，小弦切切如私語，嘈嘈切切錯雜彈，大珠小珠落玉盤，間關鶯語花底滑，幽咽泉流水下灘，水泉冷澀弦疑絕，疑絕不通聲暫

> 歇，別有幽愁暗根生，此時無聲勝有聲，銀缾乍破水漿迸，鐵騎突
> 出刀槍鳴，曲終收撥當心畫，四弦一聲如裂帛。

女妓嫻熟的演奏技巧，激發了詩人心中的靈感，在此，白居易竭盡所能地用各種可兼而訴諸視、聽二官的通感，來形容琵琶演奏的聲象，充份顯現出演奏者指法變化多端之妙絕。藝術不脫人生，真正崇高的境界，貴在能與生命的歷程合一，前面我們只從樂聲中體認到女妓的演奏技巧，在進一步瞭解其人生經歷後，樂聲與其人遂可合而為一，使人知其琵琶演奏何以能如此感人肺腑：

> 自言本是京城女，家在蝦蟆陵下住，十三學得琵琶成，名屬教坊
> 第一部，曲罷曾教善才伏，妝成每被秋娘妒，五陵少年爭纏頭，
> 一曲紅綃不知數，鈿頭雲篦擊節碎，血色羅裙翻酒汙，今年歡樂
> 復明年，秋月春風等閒度，弟走從軍阿姨死，暮去朝來顏色故，
> 門前冷落車馬稀，老大嫁作商人婦，商人重利輕別離，前月浮梁
> 買茶去，去來江口守空船，遶船月明江水寒，夜深忽夢少年事，
> 夢啼妝淚紅闌干。

正是因為有這段由昔日繁華如夢，至今日夜夜獨守空閨的悲涼遭遇，使其在演奏琵琶時，更能將全部感情投入其中。樂音中自然流露出對人生的感歎與無奈，令當時因謗謫居江州的白居易，聽後頓生「同是天涯淪落人，相逢何必曾相識」的戚戚之感，而寫出此一燴炙人心的不朽名作。千餘年來，數不清的失意士子、薄命紅顏，都是在這種偉大同情心的感悟中，獲致精神之慰藉，重新為自己揚起生命之帆，女妓的琵琶演奏，又豈只是技巧高超而已？實已有一股足以穿透時空界限之無盡魅力，而堪與天地自然永恆並存！

琵琶妓因遇人不淑而以琴聲向世人泣訴，使吾人得見〈琵琶行〉此一佳作，這是她個人的不幸，成就了中國音樂文學史上的至幸。不過，唐妓中倒也不乏有因擅長樂器演奏，而為自己尋得美滿姻緣者，如薛瓊瓊：

> 薛瓊瓊，唐開元宮中第一箏手，清明日，上令宮妓踏青，狂生崔
> 懷寶竊窺瓊瓊，悅之。因（託）樂供奉楊羔潛班中待之，羔令崔
> 作小詞，方得見薛，崔乃吟曰：「平生無所願，願作樂中箏，近得
> 玉人纖纖手子，硏羅裙上放嬌聲，便死也為榮。」（瓊瓊遂與崔私
> 奔出宮），崔後調補荊南司錄參軍，（某年中秋夜）瓊瓊因理箏，
> 為監軍（發覺）所取，赴闕，明皇（因楊妃所請），賜瓊瓊為崔妻。

〔註81〕

禁錮宮中雖可享錦衣玉食，但年老色衰時境遇卻十分悽涼，嫁爲士人妻，物
質生活或不如宮中，卻可爲自己掙得後半生幸福之主導權，薛瓊瓊善箏之效
益亦可謂鉅矣！

其次談到百戲表演。唐妓才藝多端，這一部份不以前言之歌舞詩文等柔
性藝術，嚴格說來就是特技表演，剛健勇猛之氣息特濃，其中著名者頗眾，
如玄宗時善於戴竿戲的宮妓王大娘：

> 玄宗御勤政樓，大張樂，羅列百妓，時教坊有王大娘者，善戴百尺
> 竿，竿上施木山，狀瀛州方丈，令小兒持絳節出入其間，歌舞不輟。
> 時劉晏以神童爲秘書正字，年方十歲，……貴妃復令詠王大娘戴竿，
> 晏應聲曰：「樓前百戲競爭新，唯有長竿妙入神，誰謂綺羅翻有力，
> 猶自嫌輕更著人。」〔註82〕

上竿之戲本源於西域都盧國，西漢或稍早前傳入中土，其戲法共有「立橦於
車」、「從設於地」、「額上頂橦」、「以掌托竿」等四種，〔註83〕王大娘所表演
者應屬「額上頂橦」之戲，「百尺竿」相當於十層樓高，若非藝高人膽大，實
不足以行此表演。〔註84〕除劉晏之即席詩外，當時的金部郎中王邕，亦有〈勤
政樓花竿賦〉云：

> 於是玉顏直上，金管相催，顧影而忽升河漢，低首而下指樓臺，整
> 花鈿以容與，轉羅袖而徘徊，晴空乍臨，若盧仙之踴出，片雲時映，
> 若天女之飛來……載之者強項超群，登之者纖腰迴舞，猶盡巧於繁
> 節，且獻能於聖主。〔註85〕

將竿妓表演時輕盈曼妙、如仙似幻的熱鬧情景，描述得栩栩如生，正可與前

〔註81〕見《綠窗新話》卷下〈崔寶羨薛瓊彈箏〉條，頁177，其末注引自《麗情集》，
　　　　但此段引文頗多脫落，讀來甚不易理解，括弧中文字是筆者根據《綠窗新話》
　　　　編者在引文後所附「按文」加入，此按文引《歲時廣記》卷十七敘此事甚詳，
　　　　宜並參閱。
〔註82〕見《明皇雜錄》卷上。
〔註83〕其詳可參李建民《中國古代游藝史》，頁139～143。
〔註84〕唐尺分大尺與小尺，大尺一尺約爲29.4公分，小尺一尺約爲24.6公分，百尺
　　　　約是24.6～29.4公尺，約接近現代十層樓的高度。關於「唐尺」，參考自「維
　　　　基百科全書」，網址：http://zh.wikipedia.org/zh-tw/%E5%BO%BA，上網日期：
　　　　2010.2.2.。
〔註85〕見《全唐文》卷三五六，頁4572欄下-4573欄上。

引文中劉晏的詩相互參照。表演額上頂橦之戲須有「強項」，方能支撐在百尺竿上迴舞之人，而在竿上作舞者又需纖腰輕柔，方不致給頂橦之人太大壓力。顯見有此專長之女妓，其生理及心理狀態，均須時時作適切調整與控制，亦可見其難度之高。除王大娘外，唐敬宗時又有幽州女妓石火胡，其竿戲造詣亦稱譽當時：

> （石火胡）挈養女五人，纔八、九歲，於百尺干上張弓弦五條，令五女各居一條之上，衣五色衣，執戟持戈，舞〈破陣樂〉曲，俯仰來去，越節如飛，是時觀者目眩心怯。火胡立於十重朱畫床子上，令諸女迭踏以至半空，手中皆執五彩小幟，床子大者始一尺餘，俄而手足齊舉，爲之踏〈渾脫〉，歌呼舞揚，若履平地。〔註86〕

石火胡與其養女所表演者，應屬「以掌托竿」型的竿戲，所謂「床子」係指用來踏腳的特製椅子，此種竿戲一般都是在直竿上綁橫竿以成T字或干字型，由侏儒或童兒在其上翻滾舞蹈，〔註87〕石火胡卻別出新裁地以弓弦代橫竿，其險度與難度均較竿上表演爲高，王建〈尋橦歌〉稱此種表演謂：「大竿百夫擎不起，裊裊半在青雲裏，纖腰女兒不動容，戴行直舞一曲終，回頭但見人眼色，矜難恐畏天無風。」〔註88〕正足以描述此等竿戲之險與難。雖有創意，但終因「大險傷神」，文宗即位後即下令禁其演出，之後大概也就失傳。

竿妓之外，另有一種表演走索之戲的繩妓，其演出之險與難實亦不下於竿妓：

> 玄宗開元二十四年八月五日，御樓設繩妓，若先引長繩，兩端屬地，埋鹿盧以繫之，鹿盧內數丈立柱以起，繩之直如弦，然後妓女以繩端躡足而上，往來倏忽，望之如仙，有中路相遇，側身而過者，有著屐而行，而從容俯仰者，或以畫竿接脛，高五、六尺，或躡高蹋頂，至三、四重，既而翻身擲倒，至繩還注，曾無蹉跌，皆應嚴鼓之節，眞奇觀也。〔註89〕

所謂「鹿盧」，是一種起重物的滑車裝置，〔註90〕以之繫繩可調其高低，女妓

〔註86〕見《杜陽雜編》卷中。
〔註87〕李建民《中國古代游藝史》，頁143。
〔註88〕見《全唐詩》卷二九八，頁3387。
〔註89〕見封演《封氏聞見記》卷六〈繩妓〉條。
〔註90〕鹿盧亦作「鹿櫨」、「轆轤」、「櫨櫨」等，《資治通鑑》卷九十五晉成帝咸康二年十一月條注云：「轆轤，形如汲水木，立兩柱，橫木貫柱，令圓滑可轉，繫

在繫緊的繩索上來回行走或做各種特技表演，除須體態輕盈、動作純熟外，尤須過人的膽識與持恆的練習。此類繩妓大概與前言王大娘一樣，是屬於教坊宮妓中的百戲雜伎，走索之技自漢代從西域傳入中國後，〔註91〕至唐時頗受宮廷親貴喜愛，常有宮妓作此表演，如高宗時任刑部侍郎的張楚金，就有〈樓下觀繩伎賦〉詠曰：

> 本自宮中之傳，名為索上之戲，掖庭美女，和歡麗人，身輕體弱，絕代殊倫，被羅縠與朱翠，鋪瓊筵與錦茵，其綵練也，橫互百尺，高懸數丈，下曲如鉤，中平似掌，初綽約而斜進，竟盤姍而直上，或徐或疾，乍俯乍仰，近而察之，若春林含耀吐陽葩，遠而望之，若晴空迴照散流霞，其格妙也，窈窕相過，蹁躚卻步，寄兩木以更躡，有雙童而並驚，還迴不恆，踴躍無數，驚駭疑落，安然以住……〔註92〕

由張楚金賦中所言可知，當時宮中確有不少善於走索之女妓。這些《教坊記》中所謂「諸家散樂」，雖不限定是女性，但由竿戲和繩戲表演之需求條件以觀，可能是以女妓上場為主。

　　樂舞的發達情形，通常能適度反映一個時代的政治穩定或經濟繁榮之景況，尤其歌唱、舞蹈及百戲雜技的表演，在古代農業勞動為主的社會中，不管對宮廷皇室、朝中百官或城鎮庶民而言，都是一種極重要的休閒娛樂。其表演的技巧及對表演者的培訓，也是我們在文字閱讀之餘，急欲瞭解的秘密。因此，歌舞、百戲雖只是休閒生活的一部份，卻涉及政治、經濟、文化、體育等許多相關層面，是一個頗值一探的社會史課題。本文此處所要著眼者為唐代女妓所創造的音樂、文學及百戲表演等方面的成就，及其對唐代社會的影響。遺憾的是僥倖留下紀錄的，遠比被時代洪流堙沒者少，本節中雖極力搜羅相關文獻的記載，然而滄海遺珠必在所難免。誠如李建民所說，歷史猶如一塊陡起的巖石豎立於兩邊的懸崖峭壁中間，左右深谷中埋藏著無數帝王將相及聖賢豪傑的高文典冊，人們往往專注於這一部份的研究，然而「那陡起的巖石上卻有一條小徑，通向廣大的人群，除了編戶齊民外，還包括較為人忽視的俳優妓女，以及種種的游藝活動。」〔註93〕對於女妓在唐代社

組於橫木，絞而引之。」（頁3008）
〔註91〕見《明皇雜錄》卷上。
〔註92〕見《全唐文》卷二三四，頁2991欄上。
〔註93〕《中國古代游藝史》，頁270。

會中的貢獻，正有待吾人暫且捨下巖石兩旁峭壁的壯秀奇景，轉向舉步走進那條久為人忽視的羊腸小徑，深入人群去作更全面的探索。

第三節　妓與唐代文學及酒令藝術

　　唐朝是中國詩史上的黃金時期，也是詞的濫觴時期，唐妓除如前節所言，本身有相當可觀之詩作傳世外，對於當時文人寫詩、作詞的影響，也不宜忽略。在唐代大放異彩的傳奇文學，對宋明以後小說之影響尤其深遠，其中有許多著名篇章，都是以女妓或與女妓相關之素材為主題者。酒令文化到唐代，也因女妓在酒筵中的出色表現，使其由純粹遊戲進展成豐富多元的藝術。凡此種種，莫不彰顯出唐妓在文學及藝術上的重要地位，本節將從史的角度出發，分別探討唐妓在詩與傳奇、詞的源起及酒令文化等方面的影響，至於前文已有述及的部份，此處力求不再重複。

一、詩與傳奇

　　唐妓除本身能詩外，對唐詩的發達更重要的貢獻可歸納為兩點，一是她們為詩人提供足以激發創作靈感的有利環境，如花前月下的浪漫氣氛及酒筵雅談的風流情懷等。此從本書附錄一與附錄二所列《全唐詩》中與妓有關詩篇之眾多可知，如白居易的〈琵琶行〉之所以能傳唱千古，固是其才情所致，那位江舟邂逅的琵琶妓其實也功不可沒。另一點貢獻是唐妓多能歌舞，詩人們新作問世，首先欣賞鑒定的往往是這群紅粉知己，一首優美的詩作，經女妓配上動人的曲調，在歌樓舞榭中公開演唱後，其傳播效果自然非同凡比。縱說有女妓因誦得白居易的〈長恨歌〉、〈琵琶行〉而增價，但白氏的詩之所以能「自長安抵江西三、四千里，凡鄉校、佛寺、逆旅、行舟之中」，往往有題其詩者，「士庶、僧徒、孀婦、處女之口」，每每有詠其詩者，〔註94〕又何嘗不是當時女妓們吟唱其作品所帶來的廣大功效？有關這一部份，在第四章中所論已多，讀者可自行參考。此處且舉一個盛唐時詩人「旗亭賭唱」的著名典故，再作補充說明：

　　　　開元中，詩人王昌齡、高適、王渙之（按：應為王之渙，以下均
　　　　直接將原文更正）齊名，時風塵未偶，而遊處略同，一日天寒微

〔註94〕白居易〈與元九書〉，《白居易集》卷四十五，頁963。

雪，三詩人共詣旗亭貰酒小飲，忽有梨園伶官十數人登樓會讌，
三詩人因避席隈映，擁爐火以觀之。俄有妙妓四輩尋續而至，奢
華豔曳，都冶頗極，旋則奏樂，皆當時之名部也。昌齡等私相約
曰：「我輩各擅詩名，每不自定其甲乙，今者可以密觀諸伶所謳，
若詩入歌詞之多者，則爲優矣。」俄而一伶拊節而唱，乃曰：「寒
雨連江夜入吳，平明送客楚山孤，洛陽親友如相問，一片冰心在
玉壺。」（按：此爲王昌齡〈芙蓉樓送辛漸二首之一〉，收於《全
唐詩》卷一四三，頁 1448，其中「夜入吳」作「夜入湖」），昌齡
則引手畫壁曰：「一絕句。」尋又一伶謳之曰：「開篋淚沾臆，見
君前日書，夜臺何寂寞，猶是子雲居。」（按：此爲高適〈哭單父
梁九少府〉詩中的前四句，收於《全唐詩》卷二一二，頁 2214，
其中「何寂寞」作「今（空）寂寞」，「猶是」作「獨是」），適則
引手畫壁曰：「一絕句。」尋又一伶謳曰：「奉帚平明金殿開，強
將團扇共徘徊，玉顏不及寒鴉色，猶帶朝陽日影來。」（按：此詩
爲王昌齡〈長信秋詞五首之三〉，收於《全唐詩》卷一四三，頁 1445）
昌齡又引手畫壁曰：「二絕句。」之渙自以得名已久，因謂諸人曰：
「此輩皆潦倒樂官，所唱皆巴人下俚之詞耳，豈陽春白雪之曲，
俗物敢近哉？」因指諸妓之中最佳者曰：「待此子所唱如非我詩，
吾即終身不敢與子爭衡矣。脫是吾詞，子等當須到列拜床下，奉
吾爲師。」因歡笑而俟之，須臾次至雙鬟，發聲則曰：「黃沙遠上
白雲間，一片孤城萬仞山，羌笛何須怨楊柳，春風不度玉門關。」
（按：此爲王之渙〈涼州詞二首之一〉，收於《全唐詩》卷二五三，
頁 2849，其中「春風」作「春光」。）之渙即掀歙二子曰：「田舍
奴，我豈妄哉？」因大諧笑，諸伶不喻其故，皆起詣曰：「不知諸
郎君何此歡噱？」昌齡等因話其事，諸伶競拜曰：「俗眼不識神仙，
乞降輕重，俯就筵席。」三子從之，飲醉竟日。〔註95〕

此事風雅情味甚濃，後遂流爲典故，然其眞僞尚有可辨。明代胡應麟在《少
室山房筆叢》中，已對其不盡符合史實之處有過批判，〔註96〕然亦有人對此

〔註95〕薛用弱《集異記》，卷二〈王渙之〉條。
〔註96〕見該書卷四十一〈辛部・莊嶽委談下〉條，頁 554。

事持肯定之態度。〔註97〕基本上文學風雅事總不免有後人渲染誇張之處，然而「旗亭賭唱」一事應非子虛之構，因王之渙與王昌齡、高適三人的交往，確實有史文可徵，〔註98〕而唐人詩句被入之於曲調用之於歌唱者，乃時代之風習，並非異事。只不過此種風氣，較盛於中、晚唐時，初盛唐時期較少見而已，但也因此突顯出「旗亭賭唱」此一盛唐佳話的代表性。

　　就供需面而言，歌詞的創作和歌唱藝術的消費對象與消費目的間關係密切，消費對象或消費主體不同，其消費意圖和需求也就有所差異。歌妓們在歌樓酒肆所作的歌唱表演，其主要消費對象是廣大的中下階層民眾，如城市中的商賈、勞工或普通居民等，他們對歌唱的消費需求，通常是為求抒解平日工作的辛勞與煩悶，純屬娛樂目的居多。因此演唱內容必須要力求曲調優美、歌詞通俗，且可反映一般人的生活與情感者。所以樂工和歌妓們，自然樂於取材當時社會上流行的文人詩來入唱。一首為人們熟知的詩作，經過歌妓演唱後，其感染力，自較鮮為人知的詩要更強。但在初盛唐時期，正如本書在第四章第一節中所言，當時正值唐朝國勢向上步入顛峰之際，士人們心中盡是如何致君堯舜、出將入相的政治理想，聽歌妓唱歌只能算是茶餘飯後的消遣，並非生活的主調。他們就算沒有與這種歌唱生活完全隔絕，卻也還不致於成為此等藝術消費的主體對象。充其量只不過是他們的名聲和名作，曾對當時歌妓選詩配樂入唱的活動，有過某種程度的影響而已。這種情形，我們可以從「旗亭賭唱」的故事情節中獲知一二。在當時，詩人所賭的重點，乃是詩被入唱次數之多寡，以來評斷詩名的高低，與歌唱內容或歌妓本身並無太大關聯。王之渙所謂「指諸妓之中最佳者」必唱其詩，實際只是一種難忍顏面盡失的託詞，未必最優秀的女妓必唱最優秀的詩。再則，王之渙等人也並不清楚自己的作品中，到底有那些被配樂入唱，數量究竟有多少？他們

〔註97〕如羅聯添就曾為文辨析此事，並認為旗亭賭唱一事，在當時「極有可能」發生。參羅氏《唐代文學論集》下冊，頁289～293。

〔註98〕據白居易〈故滁州刺史贈刑部尚書滎陽鄭公墓誌銘・序〉云：「公尤善五言詩，與王昌齡、王之渙、崔國輔輩聯唱迭和，名動一時，逮今著樂詞，播人口者非一。」（《白居易集》卷四十二，頁923）不僅可知王昌齡、王之渙二人之唱和著於當時，且可旁證「旗亭賭唱」的典故中，歌妓唱二人詩之事當是其來有自，並非全屬空穴來風。至於高適與王之渙的交往，則有高適〈薊門不遇王之渙郭密之因以留贈〉詩為證（《全唐詩》卷二一一頁2191），詩中有「賢交不可見，吾願終難說，……行矣勿重陳，懷君但愁絕」之句，可見其交情匪淺。

只是在偶然的機會裏，才得以在酒樓中獲知自己的詩被歌妓配樂入唱，況且還是躲在一旁「旁觀」，顯然他們跟這群歌妓間並不熟稔。再就歌妓而言，她們來到旗亭唱歌，還有堪稱「名部」的樂隊伴奏，應該是有人雇其在宴會中助歡，而非一時興起之作。但她們也同樣不清楚旗亭中竟有所歌之詩的原創作者，就坐在觀眾席裏聆歌賭唱。直到不經意地問起後，才轉向詩人致意，這種女妓與詩人間的疏離陌生，若與中唐白居易在漢南酒筵上，女妓見他光臨，「指而相顧曰：『此是〈秦中吟〉、〈長恨歌〉主！』」〔註99〕的情景相比較，其差異實不可以道里計。

　　總之，初盛唐時期詩人與歌妓的歌唱間，並非積極的合作關係，而是一種若即若離的隔閡狀態，但因為此一階段正值唐代近體詩發展興盛的黃金時期，許多著名詩人的美句佳作在社會上廣泛流傳，歌妓們因此受到感染吸引而選詩配唱，本是極自然的事，「旗亭賭唱」的佳話即此一風氣下的產物。也因為歌妓本身有能力選詩配樂入唱，她們對士人的需求，便成為一種偶然的選擇，而不像中晚唐時那樣，會要求文士針對其個人特色撰寫歌詞。相對地，文士也因此寧可選編「可被管弦」的詩集以供樂伎選唱之用，〔註100〕而無意與其進行更密切的合作。女妓們對詩人創作雖不無影響，然其效應嚴格說來並不宏大，此種結果與本書第四章中將初盛唐的士妓關係歸納為「建立期」，其歷史特點似乎正好不謀而合。

　　安史亂後，不僅唐代的政治、經濟、社會情勢等產生劇烈變化，也是整個中國中古時期文化的轉變樞紐，即由「唐型文化」過度至「宋型文化」的關鍵，傅樂成對此二種文化型態之差異，曾有畫龍點睛式的解釋：

> 大體說來，唐代文化以接受外來文化為主，其文化精神及動態是複雜而進取的……到宋，各派思想主流……已趨融合，漸成一統之局，遂有民族本位文化的理學產生，其文化精神及動態亦轉趨單純與收斂。〔註101〕

有人更具體化地將唐、宋兩型文化以「牡丹」對「梅花」來比喻，〔註102〕或者

〔註99〕參白居易〈與元九書〉，《白居易集》卷四十五，頁963。

〔註100〕如玄宗天寶年間，芮挺章輯《國秀集》，樓穎為其書序曰：「自開元以來，繼天寶三載，譴謫蕪穢，登納精英，可被管弦者，都為一集……凡九十人，詩一百二十首。」書中所錄當即適於配曲入唱之詩篇。

〔註101〕見氏〈唐型文化與宋型文化〉一文，頁380。

〔註102〕參羅聯添〈從兩個觀點試釋唐宋文化精神的差異〉文，頁245～246。

是從階級的觀點將其歸納為「士族文化構型」對「庶族文化構型」。〔註103〕所喻雖有不同，然質言之，唐型文化相對於宋型文化，前者是比較「外傾」、「開放」、「文雅」及「熱情」的文化，後者則是較為「內傾」、「封閉」、「世俗」與「感傷」的文化。這樣的區別當然並不絕對明顯，但考察安史之亂前後的唐代文獻，的確可以發現這種具體而微的現象。中晚唐時期的文化當然尚未完全等同於宋型文化，甚至還保有以盛唐文化為代表的唐制文化的某些因子，但是以宋型文化為基本要素的新文化型態，已使整個唐代社會呈現出向宋型文化過渡與轉化的趨勢。因此，中晚唐時期無疑可說是宋型文化的前奏或開端。縱使其間有類似韓愈之輩的大儒，挺身疾呼要恢復漢唐雄風，但終究難抵整個時代的潮流，宋型文化的特徵，仍使唐代後期士人的人生追求與生活方式，產生明顯不同於前期的改變。其最主要的發展趨向，即士人生命的基調由「外傾型」與「事功型」轉向「內傾型」與「享樂型」，而中晚唐政治的衰落腐敗以及城市經濟的畸型繁榮，更加深加速了士人內傾化與享樂化的程度。由於在永貞內禪、甘露事變等政治改革上的屢次重大挫敗，沈重的失落感，導致士人對國家大事日趨冷漠與麻木，衰亂的時勢又為其心靈蒙添灰色陰影。這一切促使士人們將人生目標的追求，紛紛由外部社會轉向我內心，或修禪入道，或隱居山林，更多的則是像白居易之流，雖仍在紅塵浮沉，卻藉與妓相狎的遊樂生活，企圖尋求心靈的慰藉與精神之解脫。許多外表道貌岸然的儒士，如韓愈、李德裕等人，在這種時代氛圍的影響下，也都不免留下狎妓冶樂的風流紀錄。另外安史亂後雖然北方經濟遭受嚴重破壞，但南方卻因免於戰禍，其經濟得以持續繁榮與發展，產生出像成都、揚州、蘇州、杭州等繁華城市，為士人階級的奢華享樂，提供充足之物質基礎。南方城市漸成中晚唐文士們的主要活動領域，他們自不免要沾染上城市文化生活中特有的世俗氣息與享樂傾向。因此像杜牧那樣的名門之後，既「工詩為文」又「自負經典之才」，且曾自注《孫武十三篇》行於世的經世良才，〔註104〕來到揚州後，也難免要以「贏得青樓薄倖名」而聞於世。白居易更是其中的典型範例，他們被貶放江南後的表現，與先前在京師時那位著詩「意存諷賦，箴時之病，補政之缺」，且曾為宰相武元衡之死上書論冤、急請捕賊以雪國恥的白居易，〔註105〕簡直判若二人。自京師外放，本是唐代士人政治

〔註103〕參劉尊明《唐五代詞的文化觀照・上篇》引言，頁33。
〔註104〕參見《舊唐書》卷一四七〈杜牧傳〉，頁3986。
〔註105〕參見《舊唐書》卷一六六〈白居易傳〉，頁4344。

生涯受挫時的無奈選擇，他們懷著悲痛不平的心理走入南方城市，卻在城市繁榮經濟與逸樂風氣的影響下，爲自己受傷的心靈，暫時尋得溫柔的撫慰，狎妓冶遊自然成爲其生活中的重要部份。流放到外地的士人如此，至於留在長安、洛陽等政治要地者，也多爲免罹禍而將政治以外的生活，轉向世俗的宴遊享樂。在洛陽，牛僧孺與白居易兩家家妓班子，曾有合宴歡聯的狂放場面，〔註106〕更有河南尹、東都留守等十餘名政府要員，同日攜妓乘舟而遊的綺麗畫面，〔註107〕在長安，即以孫棨《北里志》一書所見狎遊妓館之各級官吏，幾乎涵蓋各個士人階層。〔註108〕

　　就在這樣一種政治、經濟與社會文化的轉變過程中，文人士子參與遊宴生活漸形普遍，接觸歌妓舞女的機會也大爲增加，對社會上流行的音樂曲調更加熟悉。且由於士人尋求心靈慰藉與感官享受的內在需求，使其對自身作品是否能爲女妓所接受而爲之吟詠愈形重視。而女妓爲求能在風塵界佔一席之地，也多希望詩人能爲其撰作可被之管弦的詩作，如白居易〈聞歌妓唱嚴郎中詩因以絕句寄之〉詩云：「己留舊政布中和，又付新詞與豔歌」〔註109〕、元稹〈酬樂天八月十五日夜禁中獨直玩月見寄〉詩云：「宴移明處清蘭路，歌待新詞促翰林」，〔註110〕所反映者殆即當時官府或士人家中的歌妓輩，向文士所取「豔歌」、「新詞」的情形。另據《北里志·顏令賓》條記載，女妓顏令賓爲南曲中名妓，舉止風流、好尚風雅，常與文士交酬，「見舉人，盡禮祇奉，多乞歌詩，以爲留贈，五彩箋常滿箱篋」。死後得平日交遊的「新及第郎君及舉人」各製哀挽詞以送，這些哀詞經挽柩者唱後，「自是盛傳於長安」。其所反映的則是在晚唐之際，平康民妓向士人狎客索歌詞以應歌的景況。在另一方面，時代風氣也推動士人與妓女的合作趨於積極與緊密，士人逐漸成爲音樂文化生活與歌唱藝術的消費主體，與歌妓之間的關係，也由消極被動一變而爲積極主動，由局部合作轉爲完全合作，最後終於成爲一種內在自發的創作需求。許多士人開始主動尋求歌妓與之合作，其中最典型的著例，當屬溫庭筠與周德華：

　　　　裴郎中誠……足情調，善談諧，舉子溫歧爲友，好作歌曲，迄今飲

〔註106〕參白居易〈與牛家妓樂雨後合宴〉詩，《全唐詩》卷四五七，頁5191。
〔註107〕參白居易〈三月三日祓禊洛濱〉，《全唐詩》卷四五六，頁5178。
〔註108〕其詳請參本書第二章第三節。
〔註109〕見《白居易集》卷二十三，頁511。
〔註110〕見《元稹集》卷十七，頁202。

席，多是其詞焉……二人又爲新添聲〈楊柳枝詞〉，飮宴競唱其詞而
打令也……（周）德華者，乃劉採春女也，雖〈羅嗊之歌〉不及其
母，而〈楊柳枝詞〉，採春難及……溫、裴所稱歌曲，請德華一陳音
韻，以爲浮豔之美，德華終不取焉，二君深有愧色，所唱者七八篇，
乃近日名流之詠。〔註111〕

由這段記事可知：第一，中晚唐時士人已習於爲善歌的女妓量身寫詩，以便在
歌樓酒肆等公開場合演唱，爲自己所作歌詞尋求社會認同。第二，某些歌妓由
於歌藝突出，成爲某些曲調的最佳詮釋者，除劉採春善唱〈羅嗊曲〉、周德華善
歌〈楊柳枝〉外，白居易的家妓樊素也因善唱〈楊柳枝〉名聞洛下，而被人以
曲名呼之。〔註112〕又如大中年間去籍之妓盛小叢，在越州刺史李訥席上以善歌
〈西河長命女〉而爲士人們所稱賞，紛紛賦詩贈以入唱等等。〔註113〕此可譬之
於今日之流行歌曲，某曲之所以流行一時，通常是由某歌手首先唱紅，不同的
歌手因音質特色不同，或擅高亢，或擅豪邁，或擅低沉，或擅輕柔，各有其專
長曲風，若搭配不當，則優秀的歌手無法發揮所長，而優美之曲詞亦不能達感
人之極致。詩人們就女妓個人特色爲之作詩入唱，正是彼此兩蒙其利的表現。
第三，士人與妓女所扮演的角色，與王之渙等人「旗亭賭唱」的時代相較，起
了微妙的變化，以「名流之詠」配歌入唱的舊習猶存，但是角色已轉爲主動，
出色的歌妓如周德華之輩，甚至可拒唱其所不屑的文士如溫、裴等人的作品，
顯示女妓對文人作詩已不僅止於影響，在某些方面甚至已經取得主導權。

　　宋代王灼在《碧雞漫志》卷一言：「唐時古意亦未全喪，〈竹枝〉、〈浪淘
沙〉、〈拋球樂〉、〈楊柳枝〉，乃詩中絕句而定爲歌曲，固李太白〈清平調詞〉
三章，皆絕句，元、白諸詩，亦爲知音者協律作歌」，之後又列舉唐人以詩入
歌事例十二則說：「以此知李唐伶伎，取當時名士詩句入歌曲，蓋常俗也。」
其言與本文所論大致相符。誠然唐代近體詩之創作，最初或許不在入樂歌唱，
然而當歌妓們將詩人的作品公開獻唱後，因其美妙的歌喉配合動人的旋律，

〔註111〕見《雲溪友議》卷下〈溫裴黜〉條。
〔註112〕見〈不能忘情吟・序〉（《白居易集》卷七十一頁 1500）。白居易另外有數詩
　　　　也都以楊枝或柳枝代稱樊素，如〈別柳枝〉（《白居易集》卷三十五頁 790）、
　　　　〈劉蘇州寄釀酒糯米李浙東寄楊柳枝舞衫偶因嘗酒試衫輒成長句寄謝之〉
　　　　（《白居易集》卷三十二頁 732）、〈前有別柳枝絕句夢得繼和云春盡絮飛留不
　　　　得隨風好去落誰家又復戲答〉（《白居易集》卷三十五頁 798）等等。
〔註113〕參《雲溪友議》卷上〈錢歌序〉條。

迅速爲詩人帶來佳名美譽，或從中獲取現實利益時，詩人們便可能轉而意識到歌妓唱詩之神祕魅力，並開始發生價值觀念上的新變化。即以是否入樂歌唱、爲何人所唱及被採入唱的作品數量多少，來衡量其詩作價值與詩人的成就與地位。「旗亭賭唱」所呈現的，正是此種文化心理與價值觀念轉變的雛型，前引《雲溪友議・溫裴黜》條中，周德華的高姿態與溫、裴二人的「深有愧色」，則是這種轉變下的極致產物。〔註114〕此種外在環境的變化，無疑會引發詩人更積極熱情地從事詩歌創作，清代董文渙在論及七言絕句之所以至唐而盛時說：

> 當世名家率多以此擅長，或一篇出，即傳誦人口，上之流播宮廷，
> 下之轉述婦孺，由是聲名大起，遂爲終身之榮，實因唐人樂章全用
> 當世士人之詩，皆絕句也。〔註115〕

說唐人樂章全用七言絕句詩自然稍嫌誇大，但認爲唐代詩人特擅七絕與該體詩多被人入樂歌唱，因而對創作產生激勵作用彼此間關係密切，則不無見地。試問在那個聲光科技付之厥如的時代裏，是甚麼樣的角色，能讓詩人的作品「傳誦人口」，可以「宮廷」、「婦孺」皆知而「聲名大起」？思及此，當可明女妓在唐代詩歌創作上影響之大與傳播上貢獻之距矣。

　　至於妓女與唐代傳奇（即小說）的關係，前輩學者如陳寅恪、劉開榮等人論之已多，本文在此僅就前賢所遺再聊綴數語。

　　在中國文學發展史上，小說是一種存在很早但卻成熟很遲的獨特文體。〔註116〕自秦漢以來，一直被正統文學派視作難登大雅之堂的稗官野史，士君子所不屑爲者。唐代以前的魏晉南北朝時期，小說多是與筆記、雜錄等並存，篇幅短小情節簡單，故事內容多是神仙鬼怪傳說，鮮有以人爲本事者，大體

〔註114〕此類例子，另如盛唐李頎〈送康洽入京進樂府歌〉詩云「新詩樂府唱堪愁，御妓應傳鳷鵲樓」（《全唐詩》卷一三三頁　1351），從詩題及詩意可以推知，康洽所進新詩當是爲宮廷機構（極可能是教坊）所作，以供御妓傳唱之樂府歌辭，在唐代類似像康洽此種入京進樂府歌的情形當非單一事件，這些作品雖屬近體詩性質，但其「應宮妓歌而作」的動機則十分明顯。又如元稹〈見人詠韓舍人新律詩因有戲贈〉詩云「喜聞韓古調，兼愛近詩篇，……輕新便妓唱，凝妙入僧禪」（《元稹集》卷十二頁　134），所謂「輕新便妓唱」，說明當時詩人已意識到近體絕律詩比古體詩更適於歌妓配曲演唱，因此也就產生了爲便於妓女歌唱以使詩作廣爲流傳而創作近體詩的情形。

〔註115〕見氏著《聲調四譜圖說》卷末〈七言絕句〉條，頁489～490。

〔註116〕有關中國小說之發展歷程，可參魯迅《中國小說史略》第一篇〈史家對於小說之著錄及論述〉，頁6～18。

上不脫殘叢小語的形式。直至唐代，小說才逐漸臻於成熟的境地，其間因素甚爲複雜，前人也多有細論，〔註117〕這裏我們謹擇取本文關注所在，幾項與妓女有關的因素來作討論：

　　第一，是由於社會經濟的繁榮富庶所帶來市民文藝的發達，城市居民擁有較多的餘暇與餘錢，可以追求精神上的娛樂。此時一種名爲「說話」的民間藝人說書，便應運用成廣受城市居民喜愛的娛樂。尤其在中唐以後，甚至連中上層的文人士子也不乏好此道者，如段成式《酉陽雜俎》續集卷四云：「予大和末，因弟生日，觀雜戲，有市人小說，呼『扁鵲』作『褊鵲』，字上聲，予令座客任道昇字正之。」（頁240）所謂「市人小說」，指的就是專業藝人以傳奇爲話本，在庭廣眾間所做的說話表演，此一風潮雖如眾所週知極盛於宋代，但其實早在中唐時期，即頗流行於文士之間。元稹在〈酬翰林白學士代書一百韻〉詩中「翰墨題名畫，光陰聽話移」句下的注解，可作充份說明：

　　　樂天每與予從遊，無不書名屋壁，又嘗於新昌宅，說（按：此字似
　　　應爲「聽」之誤，否則即成白居易說書，與詩意不合）〈一枝花〉話，
　　　自寅至巳，猶未畢詞也。〔註118〕

此一記事雖簡略，卻是有關唐代說話在文士之間流行的一段極重要史料。首先，這些街坊藝人的表演場所，似可隨聽眾的要求而更換，普通藝人說話的場所，應是在繁鬧的市集或酒館、廟口一類的地方。不過這並不符合文士好風雅的需求，因此像白居易便把說書藝人請到家中來表演，順便邀請元稹等一干好友共同欣賞。不禁使人聯想到，妓館本是唐代士人表現風雅之處，在不宜說俗事的妓筵中，〔註119〕應該也極有可能邀請說話藝人前來表演。此事雖乏實據，但依常情推斷，非屬全無可能，則唐代妓館與說話藝術間似又不脫關係。其次是「說……話」似爲當時人的習慣用語，其間的名稱當即說話的本事名稱，而這些本事自以傳奇居大多數。「一枝花」在宋代以後的文獻中，

〔註117〕如劉瑛在《唐代傳奇研究》第一章〈傳奇成長的背景〉中云，至少有五種原因使得傳奇能在唐代獲致充份發展：一、政治背景——科舉制度，二、文學背景——古文運動，三、宗教背景——道家思想，四、社會背景——男女共享，五、科技背景：雕版印書，其中第一、四兩項是本文所關切者，另外似應在加上經濟背景——市民文藝一項，才能比較完整充份地說明傳奇盛於唐代的原因。

〔註118〕見《元稹集》卷十，頁116～117。

〔註119〕參李商隱《義山雜纂・殺風景》條，其中有「妓筵說俗事——殺風景」之俚語。

多認爲是天寶年間節行娼李娃的別名，則所謂「一枝花話」，講的可能就是李娃的故事。此事雖至今尚有爭議，〔註120〕但以今日所見〈李娃傳〉故事之情節曲折、高潮迭起來看，類似的士妓愛情故事，成爲說書人的話本並廣受士人歡迎，亦非全無可能。又次，最堪注意者爲，元稹稱聽此一說話歷時「自酉至巳，猶未畢詞」，則其說話時間長則有八個鐘頭，至短也有五、六個小時，而且聽者可能自凌晨三、四點或天亮前的四、五點左右，一直聽到接近中午時刻，這中間想必會有給表演者和聽眾略作休息的時間。但一個故事要能夠讓聽眾傾心欣賞這麼久而不覺厭倦，除情節要曲折感人外，夠長的話本篇幅，更是必備條件，而此一要求正符合小說的特長。既有其市場，自然有人願意投入創作的行列，愛情故事又是人類千年不變的共同嗜好，尤其在當時，士人與妓女間的愛情，因其背離傳統世俗婚姻的窠臼，具有超越現實的不凡魅力，最能吸引人們的好奇心與注意力，自然有可能成爲受人歡迎的節目之一。這或許也有助我們理解，爲甚麼唐代文人好以士妓戀爲傳奇主題，及此類傳奇何以迭出佳作的個中原因。

　　第二，是科舉取士下所產生的文學風氣。劉開榮稱唐代文學史爲「進士與娼妓的文學史」，〔註121〕所指當然是就傳奇文學而言。無論劉氏所言是否有過偏之處，進士與娼妓的戀情爲唐人寫作傳奇的一大重要題材，則是不爭的事實。其原因則與進士、女妓間的關係密切有關，此已多所討論，這裏想再補充的是，唐代女妓對文人創作傳奇，究竟有何實質影響。

　　唐代雖無言情小說之名，卻有言情小說之實，而其開山之作，當推張鷟以描寫妓館冶遊經驗爲主題的〈遊仙窟〉。這篇初盛唐時出產的小說，擺脫了之前六朝志怪小說的色彩，託名遊仙實爲狎妓，在故事的人物、情節、對話、環境等方面的敘述，都十分逼眞，堪稱唐代寫實小說的濫觴之作。張鷟在文中自稱「少娛聲色」、「歷訪風流」，《新唐書》卷一六一的本傳中亦議其「儻蕩無檢」、爲文「浮豔少理致」（頁 4979），可見張鷟年輕時，當有眼花宿柳的風月經驗，所以才能有類似〈遊仙窟〉如此浮豔之作。即使如此，這本書卻因其高度的文學成就，而廣爲新羅、日本等國人民的喜愛。〔註122〕據日人鹽

〔註120〕詳參張政烺〈一枝花話〉，《中央研究院歷史語言研究所集刊》第二十本下冊，以及李劍國〈一枝花非李娃辨〉，《文學探索》，1986 年第 2 期。

〔註121〕見劉開榮《唐代小說研究》，頁 74。

〔註122〕有關〈遊仙窟〉在日本之流傳情形，除可參汪國垣在《唐人小說‧遊仙窟》條頁 41～44 之考證外，亦可參李劍國《唐五代傳奇敘錄》上冊頁 127～138

古溫氏言，此書在日本「風流之士沒有不讀〈遊仙窟〉的，在日本文學上留了很多的印象，相傳紫式部的《源氏物語》就受了這書的影響。」〔註123〕可見其在日本文學界受推崇之一斑。劉開榮也極力推介此書的藝術成就，認為它不僅是中國第一部具有近代小說要素的小說，也是第一部用「變文」文體寫作最成功的小說，〔註124〕其在唐代小說史上實質具有不可取代的宗師地位。這樣的文學成就，除「青錢學士」張鷟本身的文學才華外，我們自然也不能忽略了女妓在他狎遊經歷上所曾給予的深刻影響。

唐代中葉，文壇出現兩篇專寫名妓之名作，一是白行簡的〈李娃傳〉，一是蔣防的〈霍小玉傳〉。歷來對白行簡之所以創作此一傳奇的動機有頗多揣測，但筆者以為，甚初始動機為何姑且不論，可肯定的是，這篇作品的成形與其妓館狎遊的經歷應難脫關係。據清代俞正燮在《癸巳存稿》卷十四〈李娃傳〉條云：

> ……《開元天寶遺事》記長安妓劉國容，使女僕送天長簿郭昭述至咸陽，小說所言地勢，多不相應，此傳所言坊曲，頗合事理……布政里則在朱雀街西第三街，去平康甚近，其詭云延秋門外，則西城城外託詞，最有情理。（頁446）

從對地理形勢描寫的正確合理來看，極可能作者白行簡本人曾親歷其地，可見白行簡可能也是個狎妓能手，對類如李娃此類散娼的生活，才能有如此深刻的瞭解。至於另一部名妓佳作〈霍小玉傳〉則更明顯，傳中男主角李益，在當時即以文章風流聞名，其一生經歷與傳中所言也多在離合之間。〔註125〕蔣防可能是根據時人口傳故事，再將其寫為定本，情節縱不免有渲染之處，但揆諸唐代進士狎妓冶遊情形之普遍，所述與實情大概也相去不遠。

較之於〈遊仙窟〉，這兩篇傳奇的故事情節更加曲折感人，細膩婉轉的士妓情愛，對中唐社會重門第、重科舉等現象，也有深刻的檢討。尤其對當時社會婚姻選擇上重功利、輕愛情的不良陋習，有著相當強烈的批判。雖是小說，然以之為中唐社會史料實亦不為過，郭箴一即言：「在唐以前，中國向無專寫戀情的小說，有之，始自唐人傳奇，就是唐人所作傳奇，也要算這一類最為優秀。」

之相關考述。

〔註123〕見鹽谷溫《中國文學概論講話》，轉引自劉開榮《唐代小說研究》，頁159。
〔註124〕參《唐代小說研究》，頁158～160。
〔註125〕參李劍國《唐五代傳奇敘錄》，頁450～454。

〔註126〕明代的胡應麟也說「至唐人乃作意好奇，假小說以寄筆端……《廣記》所錄唐人閨閣事，咸卓有情致，詩詞亦大率可喜。」〔註127〕這些對唐代小說的綜合評論，事實上如果單獨用以稱名妓小說亦極合適，湯若士在《虞初志》中對〈李娃傳〉故事人物情態畢現、場景歷歷可觀的描寫評道：「描畫淋漓，有史遷之意。」說明其深具史料價值。而此傳在宋、元以後，被說書人、劇曲家加工增飾，鄭生與李娃演成鄭元和與李亞仙，〔註128〕故事情節愈加曲折感人，直至今日猶不斷有戲曲、小說在社會上搬演。雖然已與原始本事不盡相同，其千餘年不減的驚人魅力，則益顯出子一士妓戀情之永恆價值，其對中國文學與民間社會的影響，實難以估量。另一部名妓小說〈霍小玉傳〉，雖因結局悲涼，不似〈李娃傳〉之團圓收場容易有戲劇張力，但這只是一般人企盼才子佳人能夠終成眷屬的觀念所致。事實上，若以小說情節的哀怨感人及藝術成就而言，恐怕〈霍小玉傳〉尚在〈李娃傳〉之上。〔註129〕然無論軒輊如何，這兩部名妓小說在唐代小說史，甚至整個中國小說史上的地位，均應予以高度的肯定。即使是在唐代當時，它們也對其它的小說產生過某些影響，如元稹的〈鶯鶯傳〉中，就有襲自〈霍小玉傳〉的痕跡。〔註130〕姑且不論陳寅恪推論鶯鶯實為一名娼妓的是與非，從第四章第二節所論元稹風流情態以觀，縱使鶯鶯不是女妓，但能寫出如此冶豔的作品，亦當與其年少時狎遊妓館的經歷關係密切。由此看來，唐代女妓在無形中，或給予士人愛情的真實經驗，或激發出其寫作靈感，使得名妓傳奇在唐人傳奇中，感人之深、影響之大，均非一般題材者所能望其項背。如果吾人肯定〈李娃傳〉、〈霍小玉傳〉等名妓傳奇在文學史上的地位，則對這些小說背後那群貢獻非淺的女妓，似也不宜忽略。

　　中唐時寫就的名妓傳奇，多是以第三人稱所寫之「旁白式」作品，所見到的女妓對傳奇的影響較為間接。時至晚唐，此種影響似有漸趨直接的態勢，

〔註126〕見氏著《中國小說史》頁95。
〔註127〕見《少室山房筆叢》卷三十五〈己部・二酉綴遺上〉條。
〔註128〕參李劍國《唐五代傳奇敘錄》，頁284～285。
〔註129〕在李劍國《唐五代傳奇敘錄》頁454中即言，「以玉之情比娃之節，情者幾乎性情而節者發乎倫理，前者尤易感動人心，封建社會婚姻愛情本多悲劇，唯悲劇方見真見（按：應為功）力，若夫鄭李之團圓，固能致人快意，顧理想化過甚，反致淺薄，不及《霍傳》之深沉。」
〔註130〕參楊慎《升菴詩話》卷五〈李益詩又〉條引尤延之〈詩話〉云，〈會真記〉中「隔牆花影動，疑是玉人來」，實乃本於〈霍小玉傳〉中李益的「開門風竹動，疑是故人來」。

孫棨的《北里志》正是此一**趨勢**下的產物。從其全書內容來看,《北里志》並
非文學作品,而是作者回顧昔日歡情、「靜思陳情」(見書序)下的筆記。但
在書中許多人與事的描寫上,卻都含有類似小說般的文學性質,或可稱作是
唐代的「報導文學」。以《北里志》正文中十二則以女妓爲名的記事而言,雖
然不一定每則都完整包含「史才、詩筆、議論」〔註131〕等傳奇三要素,但仍
不乏有耐人尋味的佳作,而其中最值一提者,當屬王福娘和張住住的故事。

王福娘是鴇母王團兒家的妓女,她爲人「慧性可喜」,本是良家女,只因
幼時被人口販子拐賣至京師妓館,從此淪爲風塵名花。孫棨則是她的常客,
她對孫棨也相當鍾情,曾大一度主動懇求孫棨爲她贖身從良,但遭孫棨以「非
舉子所宜」爲由婉拒。之後孫棨離京去洛,而福娘爲某富豪買斷獨佔,在一
次曲江裸會的偶然機會裏,孫棨得知福娘近況,觸動往日情懷,次日又前往
拜訪,試圖再續前緣。但福娘卻託人以詩相拒,一則責備孫棨往日的薄情,
一則歎怨自己的薄命,二人的士妓情緣止於此。而孫棨在《北里志·序》中
說道,自己寫作此書的原委和動機是:

> 予頻隨計吏,久寓京華,時亦偷游其中,固非興致,每思物極則反,
> 疑不能久,常欲記述其事,以爲他時談藪,顧非暇豫……靜思陳事,
> 追念無因,而久懼驚危,心力減耗,向來聞見,不復盡記,聊以編
> 次,爲太平遺事云。

孫棨這段自序其實不無隱晦,因爲《北里志》書中所記大多爲其聽聞之事,
雖然他也曾造訪女妓俞洛眞,並爲劉泰娘的妓館題詩招客,但眞正與他有過
深入交往的女妓,其實只有王福娘。所謂「物極必反,疑不能久」,正說明他
當年拒絕福娘時內心的茅盾掙札。「靜思陳事」無非也就是他和福娘這段緣盡
情未了的往事,「追念」者何?應該也就是那位當年甚爲投緣的王福娘。當時
年輕氣盛,對福娘要求從良之事予以婉拒,如今歷經動亂、「心力減耗」之餘,
思想起前塵往事,自然有份難以抹滅的愧疚和自責。爲求彌補心中對福娘的
這份虧欠,所以才提筆記下兩人交往的詳細過程,順帶兼及平日聽聞的妓館
情事,以免個人事跡太過突兀而成士林談炳。若非起於如此動機,一本要作
來日他人茶餘飯後「談藪」之用的筆記,竟然把本人的風流事跡也一併寫入,
使自己也成爲眾人取以談笑的對象,無論自情理而而言,都是不易令人理解
的。因此吾人今日有幸一睹這本千餘年前寫就的唐代妓女專書,王福娘可說

〔註131〕參宋代趙彥衛《雲麓漫鈔》卷八,頁111。

功不可沒。

　　另一名女妓張住住的故事，在拜金如命的煙花界也算是個異數。她不同於一般女妓受養於鴇母，而是鴇母的親生女，從小就在妓館長大，對自己的出身並不感到卑賤，反而在許多方面表現得相當新潮與果決。她與隔鄰的龐佛奴青梅竹馬，「私有結髮之契」，但長大後仍不免要接客賺錢，為不失信於佛奴，她竟巧妙地設計出一齣「假處女眞落紅」的戲碼，既將自己的梳攏之權託付所愛，又設法騙過想「求其元」的富商陳小鳳，一方面保住身為女妓最起碼的「性尊嚴」，二方面也不致得罪狎客，使妓館得以繼續順利經營。後來小鳳想要將其以「嘉禮納之」，母、兄均以機不可失，意欲強迫她答應，但她卻甘於貧賤，一心只想著龐佛奴，對下嫁小鳳之事寧死不從。故事最後是個大團圓結局，佛奴因自身努力，終能由傭僕做到稗將，娶了住住、蓋了巨宅，而陳小鳳卻因「家事日蹙」，境況反而不如佛奴。這則故事很像一篇社會寫實小說，有貞定堅毅的女主角，有先貧後貴的男主角，有為男女主角風流牽線的配角宋媼，以及扮演世俗壓力角色的母、兄，與不受歡迎的第三者男配角。而在女主角張住住的堅持下，平康妓曲知其事的窮苦百姓都挺身支持她，唱曲諷刺陳小鳳，極力促成男女主角的結合。深刻顯現出下層民眾有情有義、不為財勢所屈的一面，讀來令人低迴不已。

　　誠然，從故事結構及文筆風采上來說，孫棨筆下的女妓故事，較之〈李娃傳〉、〈霍小玉傳〉等名篇，自顯略遜一籌。但這也正是其價值所在，因為報導文學須根據事實，原本就不像純文學那般可憑空想像、恣意構造，精彩度不足是可以體諒的。不過若有心進一步地潤飾修改，這些故事也不無可能成為感人肺腑的精彩傳奇。總結來說，《北里志》中的妓女故事，大多有如傳奇般的內容，雖是記實卻不枯躁，更重要的是，已經沒有中唐時人那種結尾必帶道德議論的寫作陋習，在過渡到宋代以後小說寫作較成熟的時期之前，孫棨這一系列「非虛構」的妓女寫實報導，堪稱是走在時代潮流的前端。

二、詞的發展

　　從最普通也是最本質的意義來說，「詞」就是配合樂曲歌唱的歌辭，具有音樂與文學的雙重屬性。樂曲為其外在形式，詩歌則是其內在形式，二者互為載體，互相倚存，從而產生出一種綜合的藝術成果。在唐代，它甚至是一種融合音樂、舞蹈與詩歌於一體的多元藝術。所以說「詞的起源」其實也可

以說就是歌辭文學的起源，它最基本的發生原理就是要配合音樂歌唱，沒有音樂歌唱，也就沒有歌辭文學，詞當然也就無由產生。從此一意義觀之，所謂「詞的起源」，應是很基本很簡單的問題，然而日後又何以會成爲學術界聚訟紛紜的文學史大課題？筆者並非文學專家，無意在此對此一學術巨案班門弄斧，但爲使後文的討論焦點不致模糊，必須先在此一論的是，所謂「詞的起源」與「詞體的成立」，二者應有所區別。詞之成爲一種類似律詩、絕句的嚴肅文體，具有固定的詞牌、詞調，乃是北宋以後文人努力的結果。當時已是詞的形式與特徵到達定型的階段，詞已擺脫依附於音樂傳統模式而另成一種文體。然而綜觀整個唐代，即使在晚唐時出現像溫庭筠、韋莊等宗師級詞家，但那也只是後人對他們貢獻的追認，在當時文壇，詞仍未被視作代詩而起的另一類嚴肅文體。因此我們如要討論詞的起源，所指應是其發生狀態或原始特色，而不能拿宋以後已形成熟定型的「詞體」去衡量唐代的詞，否則是極容易產生混淆的。

清楚「詞」與「詞體」之間的差異後，我們不禁要問，若只從前言廣義的詞涵義來看，則唐代的詞與唐以前的「楚辭」、「古樂府」又有何不同？如無多大差異，則學界竭盡全力追尋詞的來源意義焉在？要解釋此一問題，就必須先瞭解單指「唐代詞」此一特殊意義下的詞，其特色爲何？限於筆者才學，此處我們要借用中國學者劉尊明的研究成果，來作比較明確的界定：〔註132〕

第一，詞在唐代，原是多種歌辭體裁中的一種特殊型態，當時稱作「曲子」或「曲子詞」。作爲一種音樂文學的形式，唐代的詞堪稱是融合歌、舞、樂爲一體的綜合藝術體。由於每個時代自有其各自時代詩歌與音樂分別發展的層次與水平，以及不同的音樂系統和辭、樂的配合方式，這使得不同時代的歌辭，便具備不同的型態與特質。長短句的形體特徵、詩樂歌舞四合一的藝術型態，可說是唐代詞的基本特色，它與唐以前的楚辭或古樂府，自然有其差異存在。

第二，若要更具體地說明唐代詞的特色，還要從它「倚聲填詞」（或說「因聲度詞」）的表現方式，與其所倚的隋唐燕樂系統來觀察。所謂「聲」，指的就是音樂的曲調或譜式，這與宋以後詞以格律譜或作品範例來「填詞」的表現方式，是不可等量齊觀的。而燕樂則是自魏晉以來中原音樂、南方音樂與西域音樂相互交融後，所創造出的新興音樂系統，它影響到宋以後的中國音

〔註132〕其詳請參劉尊明《唐五代詞之文化觀照》，頁43～45。

樂，但不完全相同，與前此的周秦古樂和六朝清樂兩大系統，則有著明確的分界，而這也正是唐代詞的特色所在。

在以下討論中，本文無意捲入「詞的起源」為何此一論戰行列，僅想就上述所界定唐代詞的特色中，對妓女在其中所扮演的角色與影響作一分析，以明唐妓與唐代詞發展的關係。

近人首先提出詞的起源與唐妓有關的，應該是胡適先生，他在〈詞的起原〉一文中說道：

> 我疑心，依曲拍作長短的歌詞，這個風氣是起於民間，起於樂工歌妓。文人是守舊的，他們仍舊仍五七言詩。而樂工歌妓只要樂歌好唱好聽，遂有長短句之作。劉禹錫、白居易、溫庭筠一班人都是和倡妓往來的，他們嫌倡家的歌詞不雅……於是也依樣改作長短句的新詞……到了後來，文人能填詞的漸漸多了，教坊倡家每得新調，也可逕就請文人填詞。

胡先生在半個世紀前的疑心，其實是有相當見地的。近來的研究也證實，依曲拍作詞的風氣極可能源自民間，而由現存的「敦煌詞」來看，其中亦不乏出自樂工歌妓或專為女妓而寫的作品，〔註133〕為詞源於民間之說取得很好的證據。然而單知道詞起源於民間是不夠的，我們更有興趣瞭解的是，它如何由民間打入上層社會，而漸為文人雅士所喜愛，特別是在此過程中，女妓之角色為何？

唐玄宗時設立左右教坊以習歌舞，在皇家資源的大力支持下，培植出不少歌唱人才，如「任智方四女善歌，其中二兒發聲遒潤，如從容中來。」〔註134〕其他如許永新、念奴、謝阿蠻等，本也都是地方上善於歌舞的女子，選入為宮妓後，自當帶來其在民間所熟悉的曲調。這不僅使得宮廷樂曲更加充實，也更富含民間色彩，許多教坊樂曲便是在宮妓們歌舞表演的基礎上，加工製作而成的，有些甚至可能是由她們直接參與探製或創作。根據任半塘先生在《教坊記箋訂》中，對盛唐教坊三百二十四首大曲的相關考訂，其中帶有較濃烈女性色彩者共計四十九首：

1. 巫山女	2. 長命女	3. 武媚娘	4. 杜韋娘
5. 柳青娘	6. 紗窗恨	7. 隔簾聽	8. 恨無媒

〔註133〕詳參同上註所引書第五章〈唐五代詞與民間文化〉，頁203～288。
〔註134〕見宋代曾慥《類說》卷七〈教坊記‧任智方四女〉條。

9. 好郎君	10. 想夫憐	11. 紅羅襖	12. 牆頭花
13. 燈下見	14. 翦春羅	15. 戀情深	16. 更漏長
17. 虞美人	18. 羅裙帶	19. 同心結	20. 女王國
21. 長相思	22. 拜新月	23. 巫山一段情	24. 玉樹後庭花
25. 玉搔頭	26. 訴衷情	27. 折紅蓮	28. 濮陽女
29. 戀情歡	30. 宮人怨	31. 柘枝引	32. 如意娘
33. 唐四姐	34. 七夕子	35. 水仙子	36. 紅娘子
37. 採蓮子	38. 女冠子	39. 仙鶴子	40. 何滿子
41. 化生子	42. 金娥子	43. 拾麥子	44. 多利子
45. 柘枝	46. 薄媚	47. 太后	48. 大姊
49. 舞大姊			

這些教坊樂曲當然不全是宮妓生活的眞實反映，有些也可能是上層后妃貴婦或下層勞動婦女的生活寫照。不過，若以才藝專長而言，經歌舞妓傳唱或由她們所採入者應佔多數。〔註135〕

雖然盛唐時即有諸多與宮妓相關的曲調問世，但女妓眞正對詞曲散播民間產生具體貢獻，還要等到安史之亂以後。崔令欽在《教坊記‧序》中云「今中原有事（按：指安史亂事），漂寓江表，追思舊遊，不可復得」，當時宮中教坊樂妓因兩京殘破、遺落民間的情形，據姚汝能《安祿山事跡》卷下載，在天寶十五載六月叛軍攻陷長安後，「全擄府庫兵甲、文物、圖籍、宜春、雲韶……以車輦樂器及歌舞衣服，脅迫樂工……遣入洛陽，復歸於京師，十得二三。」若所言不虛，則此一巨變，至少迫令十之六七的宮廷伎樂人才散落民間而不復歸。此後唐廷多事，如德宗時的「奉天定難」及晚唐五代之際的連番動亂，都使得更多的宮妓內人流落民間，〔註136〕例如宮妓胡二子：

> 靈武刺史李靈曜置酒，坐客姓駱，唱〈何滿子〉，皆稱妙絕，白秀才者曰：「家有聲妓，歌此曲音調不同。」召至令歌，發聲清越，殆非

〔註135〕 這種製曲的工作，事實上亦不止限於宮妓，如《碧雞漫志》卷五即引《洞微志》云，晚唐的〈喝馱子〉曲乃當時單州營妓教頭葛大姐所撰新聲，曾獻給後梁太祖朱溫作生日賀禮，朱溫深爲欣賞，即令李振爲之填詞，並用以教唱押馬隊後陣的士兵，初取名爲〈葛大姊〉，後因傳唱普遍而被訛稱爲〈喝馱子〉。

〔註136〕 如《舊唐書》卷一三九〈陸贄傳〉云，奉天定難時德宗下詔錄具散失宮人名字，並要求軍士尋訪，陸贄則以其爲不急之務進狀論曰：「……散失內人，已經累月，既當離亂之際，必爲將士所私。」（頁 3799）又如《北夢瑣言》卷六云晚唐「昭宗劫遷，百官蕩析，名娼伎兒，皆爲強諸侯有之。」（頁 51）

常音，駱遽問曰：「莫是宮中胡二子否？」妓熟視曰：「君豈梨園駱
供奉邪？」相對泣下，皆明皇時人也。〔註137〕

又如許永新：

漁陽之亂，六宮星散，永新為一士人所得，韋青避地廣陵，因月夜
憑闌於小河之上，忽聞舟中奏〈水調〉者，曰：「此永新歌也！」乃
登舟與永新對泣。〔註138〕

宮廷樂妓本多自民間徵選而來，她們將民間歌唱藝術帶到宮中，憑藉宮中先
進的音樂設備和學習環境，將其改造成適合上流社會欣賞者。如今又因動亂
而大量自宮中散落民間，自然會將本淵源自民間歌唱的宮廷樂曲又帶回民
間。不管是淪為官妓、家妓或民妓，抑或在街頭賣藝維生，由於增添這批樂
舞生力軍，使得中唐以後，整個社會的音樂文化與歌唱藝術的水平均大幅提
升。諸多因素際會下，導致中唐以後妓館能在長安、洛陽、揚州、成都等城
市中，如雨後春筍般地湧現。以其性質來看，妓館實為唐代新興的音樂文化
推廣場所，士人們狎妓之餘，除聽歌妓演唱外，更進一步會為知心的女妓填
詞，甚至要求女妓演唱自己的作品。正如孫康宜所指出，「新樂、歌伎和妓館
結為三位一體，攸關詞史非淺。」〔註139〕而士人則是促成這三位一體緊密聯
結的關鍵，其中的典型範例則為人稱「花間鼻祖」的溫庭筠。

　　溫庭筠之所以能在詞的創作上獨樹一格，與其個人生命中的獨特遭遇不
無關係。他屢舉不第，仕途頻受打擊，非止得罪權貴，甚至連宣宗皇帝都與
他有過節。〔註140〕潦倒終身的政治際遇和人生悲劇，使得溫庭筠有著超乎常
人的「狂遊狹邪」經歷。長時期廣泛接觸歌舞妓女的生活經驗，再加上他生
就「不脩邊幅」〔註141〕、「罕拘細行」〔註142〕和傲岸不羈的個性特質，在同
輩的士人圈中，受到相當的排擠，但這卻大大地激發出溫庭筠的叛逆性和創
作活力。他把平日狎遊的經歷融入作品中，女妓成為刺激他創作的動力，也
是他傾力描寫的主題對象，溫詞之所以會留給人溫婉與豔麗的印象，與此生

〔註137〕見《碧雞漫志》卷四，注引自《樂府雜錄》。
〔註138〕見《樂府雜錄・歌》條。
〔註139〕參氏著《晚唐迄北宋詞體演進與詞人風格》，頁22。
〔註140〕有關溫庭筠之人生經歷，可參《舊唐書》卷一九○下及《新唐書》卷九十一
　　　　之溫氏本傳，另外《北夢瑣言》卷四、《唐摭言》卷十一、《雲溪友議》卷下
　　　　〈溫裴黜〉條及《玉泉子》中也有部份記載，可並參。
〔註141〕見《舊唐書》卷一九○下〈溫庭筠傳〉，頁5079。
〔註142〕見《唐摭言》卷十一，頁121。

活背景大有關係。生不逢時的溫庭筠，在追求自我實現的過程中，跳脫出一般唐代詩人的傳統路徑，不再守舊地只作五七言詩，他勇於接受新興的民間音樂文藝，無所顧忌地走上與樂工歌妓積極合作的創作道路。由於他本身兼俱音樂與文學才華，「能逐弦吹之音，爲側豔之詞」，〔註143〕結合女妓在精神上的支持與妓館的音樂環境，使其詞作有著比當時詩人詩作更高的藝術水平，連不喜其人的唐宣宗，也不禁愛唱其詞。〔註144〕於創作數量上，多達近七十首的詞作，也居唐人之冠，在唐詩向宋詞轉渡的過程中，他確實有著不可抹滅的貢獻。然而其一生卻也因長期浸淫花街柳巷，被士林譏爲無士行而遭排斥，終身落寞以卒。眞可說是他個人的不幸，造就出中國文學史上的大幸。

　　除了像溫庭筠這樣較特殊的例子外，中唐以來士人狎妓風氣的興盛，與妓女交往的密切，進而產生彼此相互依存的關係，自然也是促使晚唐時詞能勃興的重要原因。不過，依筆者淺見，當時文士並非刻意創造「詞」此一文體，而是在寫給妓女歌唱的詩或詞，有了某些固定的曲調，它們可能是絕句或律詩（其中又以七絕居多），也可能具備長短句的形式（因其易於入唱）。嚴格說來它們是詩不是詞，或者說在唐人的觀念中，詩與詞間並無絕對明顯的界限，唐代眞正有意作詞者，仍應以晚唐的溫庭筠、韋莊等人爲代表。在此之前，所謂「詞」與詩的分別是相當模糊的，因此本節前文所論的妓女與詩人間的依存關係，雖是從詩的角度切入，其實若持之以論妓對唐代詞發展的影響，應該也是同樣適合的。

三、酒令藝術

　　在學界致力爲「詞的起源」尋求答案的諸多解釋中，近來有人提出「詞源出於酒令說」，〔註145〕其正確性如何，自有待更精密的檢討。但唐代士人好

〔註143〕見《舊唐書》卷一九〇下〈溫庭筠傳〉，頁5079。

〔註144〕參《北夢瑣言》卷四云：「宣宗愛唱〈菩薩蠻〉詞，令狐相國假其（指溫庭筠）新撰密進之，戒令勿他洩。」（頁29）

〔註145〕參王小盾《唐代酒令藝術》第八章〈唐代酒令藝術的文化背景〉，其提出此論點之理由共有四項：(1) 唐代有相當多的酒令著辭曲調，在宋人詞中依然保存。(2)「令」此一名稱爲人廣泛接受，《全宋詞》中以令爲名之詞調即多達一百二十個。(3) 晚唐五代以後，酒筵著辭成爲文人普遍採用的娛樂與文學創作方式，其風綿延入宋，許多宋人詞調名其實均屬歌以侑觴者。(4) 中國詞史上之二部重要總集《尊前集》與《花間集》，其性質相似，皆屬用於酒筵

酒，酒令藝術在唐代獲致重大發展，此則爲不爭之事實。唐人飲宴中往往都有歌舞助興，許多優秀的女妓，都精於酒令規章，可以說女妓與唐代酒令文化的興盛，有著密不可分的關係。考察唐妓在這方面的貢獻，約可分三點來討論：

第一，佐酒女妓促成酒令的多樣化發展。唐代酒令發達的概況，據《國史補》卷下言：

> 古之飲酒，有「盃盤狼籍」、「揚觶絕纓」之說，甚則甚矣，然未有言其法者……（酒）令至李稍雲而大備，自上及下，以爲宜然。大抵有「律令」有「頭盤」、有「拋打」，蓋工於舉場而盛於使幕，衣冠有男女雜屧焉者，長幼同燈燭者，外府則立將校而坐婦人，其弊如此。

這段記事指出了古來酒令之法未明，直至唐代才有李稍雲之輩進行全面整理，形成唐代酒令的三大類型：律令、頭盤（一稱骰盤）令及拋打令。而當時酒令之能工能盛，所憑藉的，則是女妓在舉子與地方使幕的各式酒宴場中的傑出表現，其優秀者甚至有資格與衣冠士子「雜屧焉」，更能讓幕府將校樂於侍立一旁效勞。引文中有整理唐代酒令之功的李稍雲，其生平更與女妓關係密切，最後是喪命於與女妓曲江舟遊的意外溺水事件中。〔註146〕就宴會裏擅長酒令的女妓來說，她們已不再是單純的表演者或陪酒添歡的配角，而是酒宴遊戲中的積極參與者。唐代酒令大體繼承古俗，但在組織形式上則更加完備。從唐人皇甫松所著《醉鄉日月》來看，其行酒令時參加人數不限，但每席依常法是以二十人爲一組，每組立一人爲「明府」，其下分設「律錄事」與「觥錄事」各一人，爲求省煩，以下茲依《醉鄉日月》書中〈明府〉、〈律錄事〉、〈觥錄事〉等三條原文，將唐時酒筵行令的組織及各種角色的執掌簡製一表如下：

歌唱者，而《尊前集》之體裁與題材又較《花間集》多樣，所反映者爲中唐以來飲妓與樂工之風格與趣味，《花間集》則因產生時代較晚，文學性較強，而深遠地影響了後世的詞作。由此王小盾將唐代曲子辭對後世的影響歸納爲酒令藝術的影響，而將詞的形成流程結論爲「曲子辭（以《雲謠集》爲代表）→飲妓歌舞辭（以《尊前集》爲代表）→文人著辭（以《花間集》爲代表）→詞」（頁282～285）。另外劉尊明在《唐五代詞的文化觀照》第七章第三節頁403～414中，論及「酒筵娛樂與詞」時，也有相類似的看法。

〔註146〕參《太平廣記》卷二七九〈李稍雲〉條，頁2218～2219，注引自《廣異記》。

組織：

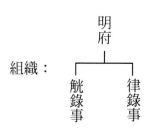

角　色	權　　　責	執管器物
明　府	得糾諸座之罪，擔任行令時之總裁判官。	骰子一雙、酒杓一只
律錄事	以旗宣令、以觥指揮飲次、以籌裁示犯令之人。	旗一面、觥一面、籌十枚
觥錄事	對犯令而不聽律錄事懲罰者進行糾劾罰酒。	負責執旗、執籌、執觥

　　三種酒令令官中，「明府之職，前輩極爲重難」，多推在座德高望重者任之，主要用以執行最後的裁決，並預防主人偏袒，在酒筵中雖受尊重然非主角。至於觥錄事，則只是用以輔律錄事之不足，爲律錄事拿道具並實施處份，屬令官中的配角。三者之中眞正的核心人物是律錄事（又稱酒錄事、席糾、酒糾等），皇甫松還特別指出任律錄事者須備的條件：

　　　　夫律錄事者，須有飲材，飲材有三，謂善令、知音、大戶也。

「善令」指的是嫻熟酒令章程，巧於臨場應變，「知音」是要能歌善舞，對音樂有相當的涵養，「大戶」則是指要有充沛的酒量，堪在筵席中豪飲應客。兼俱此三項本事者，才堪稱是一名具備良好「飲材」的律錄事。擔任律錄事者，本無性別之分，但自中唐以來，因社會上士人狎妓成風，酒宴中自不免妓樂爲歡，而所謂飲材三要素，又頗適合女性天生特質，擔任律錄事者遂多爲經過訓練、擁有專業技能之女妓，一般稱爲「飲妓」或「酒妓」。《北里志》中就記有許多具飲材的女妓，如天水僊哥「善談謔，能歌令，常爲席糾，寬猛得所」，又如鄭擧擧「亦善令章」，雖貌不甚美，但頗「負流品，巧談諧」，甚具飲材，「爲朝士所眷」，常預「名賢釀宴」。另外生性「淫冶任酒」的俞洛眞，「亦時爲席糾，頗善章程」，由此可見任席糾的女妓，除須有飲材，還須具備敏捷的口才、豐富的文學素養和明解的判斷力，能爲席糾者當屬妓中上品。對女妓在酒筵遊戲中的角色地位，訂有如此明確與高尚之要求，更顯示出唐代酒令文化的成熟與藝術化之程度。

　　在與多才多藝的飲妓接觸過程中，士人們自然也不免要留下一些動人的詩篇，如《北里志‧俞洛眞》條有鄭仁表贈俞洛眞詩云：

　　　　巧製新章拍指新，金罍巡擧助精神，時時欲得橫波盼，又怕回籌錯

指人。

偶爾士人與酒妓間，也會發生相互嘲謔的趣事，如《雲溪友議》卷中〈澧陽讌〉條載：

> 澧州宴席，米糾（按：似應爲席糾或酒糾之誤）崔雲娘者，形貌瘠瘦，而戲調罰於眾賓，兼恃歌聲，自以爲郢人之妙也。李生（宣古）乃當筵一詠，遂至鉗口……〈贈崔雲娘〉李宣古：「何事最堪悲，雪（按：應爲雲之誤）娘只首奇，瘦拳抛令急，長嘴出歌遲，只怕肩侵鬢，唯愁骨透皮，不須當戶立，頭上有鍾馗。」

將骨瘦如柴卻倚才自恃的酒妓崔雲娘，喻爲人見人懼的天師鍾馗，難怪崔雲娘會爲之鉗口，不敢再誇己能。另外在同書同條中，也記載杜牧在陝州嘲弄一位肥胖酒妓的趣事：

> 杜牧侍郎，罷宣城幕，經陝圻，有錄事肥而且巨，而豐其辭，牧爲詩以挫焉……〈贈肥錄事〉杜紫微：「盤古當時有遠孫，尚令今日逞家門，一車白土將泥項，十幅紅旗補破褌，瓦官寺裏逢行跡，華岳山前見掌痕，不須啼哭愁難嫁，待與將書報樂坤。」

由此二例，吾人又再一次驗證，唐式風流確是重才不重色，瘦如崔雲娘、肥胖如陝州妓，雖是其貌不揚，卻因有飲材而能在酒筵上任席糾。可以見出中、晚唐時，席糾似乎已經成爲一項女妓的專門職業，某些地方的酒妓，甚至還有著全國性的知名度。如唐武宗時曾「詔揚州監軍取解酒令妓女十人進入」，〔註147〕顯示唐時確有因善行酒令而聞名的女妓，她們在行令之餘，自然也對酒令內容的變新有過相當的貢獻。如前引鄭仁表贈俞洛眞詩中，即稱其「巧製新章拍指新」，指的應是俞洛眞能經常翻新酒令章程的內容。又如本章第二節「談吐」條中曾經言及，薛濤在成都使幕酒席上所行「千字文令」與「一字惬音令」，也是對三大酒令中的律令所作文字上的變化。此種文字令形式繁多，常能因改令而倍增其難度與趣味，士人與女妓常有這一方面的佳作，如〈遊仙窟〉中有所謂「斷章取意令」：

> 十娘來語五嫂曰：「……請五嫂當作酒章。」五嫂答曰：「奉命不敢，則從娘子。不是賦古詩云，斷章取意，唯須得情，若不惬當，罪有科罰。」十娘即遵命曰：「關關雎鳩，在河之洲，窈窕淑女，君子好逑。」次，下官（即張驚）曰：「南有樛木，不可休息，漢有遊女，

〔註147〕參《唐語林》卷三〈方正〉條，頁63。

> 不可求思。」五嫂曰：「折薪如之何？匪斧不剋，娶妻如之何？匪媒
> 不得。」

此令之要訣，在於行令者須斷古籍之句，以表達心中意念。在此例中，十娘
先以《詩經‧周南‧關雎》篇中四句暗寓求歡之意，次則張驚以《詩經‧周
南‧漢廣》篇中四句表示欲求歡而無緣攀附之苦，最後是五嫂以《詩經‧齊‧
南山》篇中四句為二人牽線，表示願作雙方媒介，以通男歡女愛之好。文字
令大多屬於有固定格式的律令，這類酒令多有臨機設辭的性質，可隨與筵者
的文化水平與個人需求而改變舊令，以增加行令的趣味與參與者的熱忱。在
士人妓筵中經常被使用，一則可使與筵士人各逞其才學，二則能讓真正知書
的妓女，有表現的機會，若是內涵平庸的妓女是難於勝任的。這種律令格式
其實已經兼俱文學與藝術雙重性質，唐妓的參與，自然對這類酒令的多樣化
增色非鮮。

　　另一類與博戲相結合的酒令──骰盤令，其特點是根據擲骰所得的「采
數」多少來決定飲次。《醉鄉日月》中本有〈骰子令〉一條，但如今僅餘殘文
二十字：

　　　　大凡初筵，皆先用骰子，蓋欲微酣，然後迤邐入酒令。〔註148〕

這段記載雖然簡略，但也足以說明骰盤令的某些基本特質。因其與博戲相結
合，可使與筵者興致提高，具有熱絡酒筵氣氛的作用，所以「大凡初筵」皆
用之。因為它是一種遊戲性質尤勝過飲酒本身的酒令，總是要在人略有酒意
之後，才比較容易熱衷投入，所以說「微酣然後入酒令」。這類酒令在唐人筵
席中也頗受歡迎，席中多有女妓參與助興：

　　　　盧澄為李司空蔚淮南從事，因酒席，請一舞妓解籍，公不許，澄怒，
　　　　詞多不遜，公笑曰：「昔之狂司馬，今也憨從事。」澄索彩具，與賭
　　　　責兆，曰：「彩大者秉大柄。」澄擲之，得十一，席上皆失聲，公徐
　　　　擲之，得「堂印」，澄托醉而起，後數月，澄入南省，不數年，蔚入
　　　　相。〔註149〕

這場因請妓解籍不成而起的賭注中，李蔚所擲出的「堂印」又稱「重四」，乃
指所擲骰均得四點，此采在唐代為最貴之采，擲到堂印者往往須舉酒勸合席

〔註148〕《容齋續筆》卷十六〈唐人酒令〉條（頁332）及《唐語林》卷八〈補遺〉（頁
　　　　230）中，均記有一段《醉鄉日月‧骰子令》條之軼文，可參。
〔註149〕見《唐語林》卷七〈補遺〉，頁204。

共飲，以表歡慶之意。〔註150〕見得出來這種骰盤令，似乎具有某種神秘的預測功能。因可由釆數的多寡，來判斷事物的優劣成敗，如前引文中，盧、李二人即用以賭彼此日後官運，結果擲到十一點的盧澄果不如擲到堂印的李蔚。

唐妓除在行骰盤令時佐歡之外，對骰盤令的創新，也曾有過積極的貢獻：

> 李郃爲賀牧，與妓人葉茂連（一作蓮）江行，因撰《骰子選》，謂之
> 「葉子」，成通以來，天下尙之。〔註151〕

李郃字子玄，文宗大和四、五年間任賀州刺史，〔註152〕其與妓女葉茂蓮共撰《骰子選》應在當時。《骰子選》一稱《骰子選格》，其之所以取新的骰盤令名爲「葉子」，可能是著眼於葉、李兩人共創，故各取其姓合而成名。這不僅是唐代女妓姓氏首次成爲骰盤令名稱的一部份，對骰盤令在唐代的發展而言，也同樣具有重大意義。它標識著一個骰盤令新時代的來臨，因爲過去的骰盤令，只以擲骰所得的釆數來決定飲次，而在「葉子」問世之後，骰盤令遂有新的行令規則。亦即用《骰子選格》中的條文來律定規則，視其擲骰結果，對照於《骰子選格》應作何種處份。遺憾的是這部《骰子選格》原書已佚，無法一探其全豹，不過，從房千里所撰《骰子選格·序》文中，對於其內容及新令「天下尙之」的情形，仍可略知一二：

> 開成三年春，予自海北徙，舟行次洞庭之陽，有風甚急，繫船野浦
> 下。三日，遇二三子號進士者，以六骰雙雙爲戲，更投局上，以數
> 多少爲進身職官之差，數豐貴而約賤。卒局，座客有爲尉掾而止者，
> 有貴爲相臣將臣者，有連得美名而後不振者，有始甚微而欻升於上
> 位者。大凡得失酷似前所謂「不繫賢不肖，但卜其偶不偶耳」。達人
> 以生死爲勞息，萬物爲一馬，果如是，吾今之貴者，安知其不果賤
> 哉？彼眞爲貴者，乃數年之榮耳，吾今貴者，亦數刻之樂耳。雖久
> 促稍異，其歸於偶也……因條所置進身職官遷黜之目，爲《骰子選
> 格·序》。〔註153〕

〔註150〕據《劉賓客嘉話錄》云「飲酒家謂重四爲堂印」，又《容齋續筆》卷十六〈唐
　　　　人酒令〉條（頁332）中所錄軼文稱「堂印，本釆人勸合席」。

〔註151〕見《南部新書·庚》條，此書亦見載於《太平廣記》卷一三六〈李郃〉條（頁
　　　　978），郃、郤之異應是形誤所致，葉茂連《太平廣記》作葉茂蓮，注引自《感
　　　　定錄》。

〔註152〕參郁皓賢《唐刺史考》第五冊卷二六二「嶺南道·賀州」條，頁2794。

〔註153〕見《全唐文》卷七六○，頁9990欄下。

從房千里的序文中來看,《骰子選格》應是一種將擲骰的點數、采名,同某種固定條例相互對應的酒令格式。這種條例以官職等級爲內容,把骰盤令的博戲性格,與當時人的仕宦願望揉合爲一,用擲骰的點數,來定擲骰者在席上的職位。此種虛名自無甚實質意義,然而卻能暫時滿足熱衷仕進者的升遷願望,也能緩解官場失意者的落寞哀傷。貴與賤,純屬數刻之悲歡,隨時有可能在下一次的賭注中翻身,對汲汲於功名的士人而言,這無疑是與現實人生最貼切的一種令格,難怪會廣受歡迎。這種有別於傳統博戲骰子令而呈令格化、條例化的新式骰子令,正是由唐代的舉子、官吏和女妓,共同創作發展而成的。

第三種唐人基本酒令類型是拋打令,這是一種同歌舞相結合的酒令型態,其特點是通過巡傳行令器物(可能是香毬、酒盞或柳枝等)以及巡傳中止時的拋擲遊戲,來決定送酒歌舞的次序。也就是說,它是針對飲酒者與歌舞者,所同時進行的酒令形式。因其歌舞特質,所以此種酒令較之於與語言藝術相融合的律令,或與博戲藝術相結合的骰盤令,更須有善於歌舞的女妓參與。例如前引《雲溪友議・澧陽讌》條中的崔雲娘,李宣古譏她「瘦拳拋令急,長嘴出歌遲」,當時席上所行應即拋打令。又如同書卷下〈溫裴黜〉條中言,溫歧、裴誠二人善爲新聲楊柳枝詞,「飲筵競唱其詞而打令也」,而由二人所作詞的內容來看,大概也不外是給女妓在席上演唱,以助拋打令歡樂者,如:

> 思量大是惡姻緣,只得相看不得憐,願作琵琶槽郁畔,美人長抱在胸前。(裴誠)
>
> 井底點燈深燭伊,共郎長行莫圍棋,玲瓏骰子安紅豆,入骨相思知不知?(溫歧)

又如段成式在《酉陽雜俎・續集》卷三中云,成都某豪家子狎妓,入門後「主人延於堂中,珠璣緹繡,羅列滿目又有瓊杯,陸海備陳。飲徹,命引進妓數四,支鬟繚鬢,縹若神仙,其舞杯閃毬之令,悉新而多思。」所謂「杯閃毬之令」,指的就是以拋擲彩毬爲行令方式的拋打令。引文中女妓歌舞能使人感到「新而多思」,足見對拋打令的歌舞顯然下過功夫。前述李宣古在澧州筵席上,也曾有詩讚這些行拋打令的歌舞妓云「能歌姹女顏如玉,解飲蕭郎眼似刀,爭耐深夜拋耍令,舞來按(按:應爲接)去使人勞」,而其行令的情形,可由下列詩中得知一般:

香毬趁拍迴環匝，花盞拋巡取次飛，自入春來未同醉，那能夜去獨先歸。(白居易〈醉後贈人〉) 〔註154〕

歌舞送飛毬，金觥碧玉籌，管弦桃李月，簾幕鳳凰樓……(徐鉉〈拋毬樂辭二首之一〉)

灼灼傳花枝，紛紛度畫旗，不知紅燭下，照見彩毬飛……(同上之二) 〔註155〕

可以推想行拋打令時，賓主和女妓皆迴環而坐，先用香毬或花枝、杯盞等巡傳，而以樂曲定其始終。此時樂曲可能是女妓在一旁演奏或隨樂唱詞，當樂曲急促而接近尾聲之時，則有嬉戲性的拋擲動作，被香毬或花枝等擲中者，即須起身歌舞。此類酒令的一大特色，是令中的各段令名，往往以樂曲名名之，前引徐鉉詩題中的〈拋毬樂〉，就是常用的拋打樂曲。尤其在妓筵中，這種使用藝術曲調行拋打令的情形相當普遍，如白居易〈江南喜逢蕭九徹因話長安舊遊戲贈五十韻〉詩中，回憶起自己年輕時，在長安平康妓館的酒筵歡樂時說「雪飛迴舞袖，塵起繞歌梁，舊曲翻〈調笑〉，新聲打〈義揚〉」，〔註156〕又他在〈代書詩一百韻寄微之〉詩中也有「打嫌〈調笑〉易，飲訝〈卷波〉遲」之句，而在句下自注「拋打曲有〈調笑〉」。〔註157〕顯見〈調笑〉是當時妓筵常用的拋打曲，而所謂〈義揚(揚一作陽)〉即〈義揚子〉或稱〈義陽主〉，是德宗貞元年間所作著名樂曲，因其感人，故「往往歌於酒席」。〔註158〕另外在元稹的〈三月三十日程氏館餞杜十四歸京〉詩所述的一場妓筵中，有「拍逐飛觥絕，香隨舞袖來，消梨拋〈五遍〉，娑葛礚〈三臺〉」之句，〔註159〕〈三臺〉是盛唐時流行的教坊樂曲名，〔註160〕其拍甚促，專用在酒筵催酒，〈五遍〉雖無考，但以其與〈三臺〉成對來判斷，應該也是相類性質的拋打令曲，至於「消梨」、「娑葛」，依詩意來

〔註154〕見《白居易集》卷十八，頁394。

〔註155〕見《全唐詩》卷七五四，頁8578。

〔註156〕見《白居易集·外集》卷上，頁1508。

〔註157〕見《白居易集》卷十三，頁246。

〔註158〕見《舊唐書》卷一四二〈王士平傳〉，頁3878，另有關〈義揚子〉曲之由來，可參《國史補》卷下。

〔註159〕見《元稹集》卷二十六，頁316。

〔註160〕參任半塘《教坊記箋訂·曲名·三臺》條(頁113)，另如《唐摭言》卷三有胡證救裴度於狎遊之地一事，中有「凡三鐘飲滿一遍〈三臺〉酒需盡」之句，意為演奏一遍〈三臺〉曲後，每人面前的三鐘酒必須飲盡，否則即認輸受罰的一種酒令遊戲。

判斷，應即當時在酒筵上表演歌舞的兩名酒妓。

以上所談的律令、骰盤令及拋打令，都是屬於有酒令章程可資依循，組織形式較為固定的文士雅令，因有女妓的參與，使得酒令型態，不斷有推陳出新的變化。不過，因酒令本身是一種酒筵上的趣味遊戲，實不可能自始至終一成不變，所以另外有些酒令，是以某一類型酒令為基礎，再與其他酒令相混相融，而成更富趣味、更吸引人的新酒令。如《盧氏雜說‧洛中舉人》條載，舉子某乙在江南使幕上，結識一位酒糾妓茂英，兩人「諧戲頗洽」，流連數月後，在一次餞別酒筵中，舉子乙暗留一絕句與茂英云「少插花枝少下籌，須防女伴妒風流，坐中若打占（一作瞻）相令，除卻尚書莫點頭。」所謂「瞻相令」，就是一種在妓筵上常見的非制式酒令。其行令姿勢詳情不知，但從薛能的〈戲瞻相〉詩中稱「瞻相趂女休相搜，不及人前詐擺頭」〔註161〕來看，其行令姿勢，大概是上半身的搖頭擺首等動作，與拋打令有異，應屬新創的自由酒令。像這種未立固定章程的自由酒令，在當時還頗受士人歡迎，白居易有詩稱「若厭雅吟須俗飲，妓筵勉力為君鋪」，〔註162〕說明妓筵本多行文士雅令，但若有人不喜受酒令章程的約束而想作「俗飲」，以行自由酒令者，亦無不可，筵席主人一樣會代為安排。雖然在唐人的詩文記載中，以雅令（即前言律令、骰盤令與拋打令）佔大多數，自由令僅見片斷記載，但由白居易前引詩中可知，「俗飲」即使是在唐代士人妓筵中應該也很普遍。而由這種俗飲場合所產生出來的自由酒令，品類必也相當繁多，然因其無章程可循，文獻遂難以解讀，有待吾人進一步細心發掘。在這個雅、俗酒令多樣化的過程中，女妓無疑地，可稱是扮演了穿針引線的重要角色。

第二，女妓促成唐代酒令的歌舞藝術化。酒令如果始終停留在言語（律令）與博戲（骰盤令）兩個階段，實不容易成為一項具備高度藝術價值的酒筵遊戲。職是之故，歌舞化遂成為唐代酒令發展的重要趨勢。配合歌舞表演的拋打令之出現，乃是唐代酒令藝術能趨於成熟之一大關鍵，若非如此，今日吾人所見唐代酒令，恐怕還都是僅止於平面的文字酒令，而無法將其視為一項立體的藝術品來欣賞。在這個酒令歌舞化、藝術化的過程中，佐酒妓女的催化之功實不可抹滅。

唐代酒令之歌舞化，與士妓關係之演變，有著正向的關聯。中唐以後因

〔註161〕見《全唐詩》卷五六一，頁6516。
〔註162〕見〈閒夜詠懷因招周協律劉薛二秀才〉，《全唐詩》卷四四三，頁4954。

士妓關係趨於密切，拋打歌舞大行其道，酒令歌舞化也隨之臻於顛峰。不過
這種現象也不是倏然如此，自有其歷史演化過程。其實早在初、盛唐時期，
就有酒令歌舞化的雛形，其中最突出的例子，則是張鷟的〈遊仙窟〉：

> 十娘曰：「少府（指張鷟）稀來，豈不盡樂，五嫂大能作舞，且勸作
> 一曲。」亦不辭憚，遂即逶迤而起，婀娜徐行，……舉手頓足，雅
> 合宮商，顧後窺前，深知曲節，欲以蟠龍宛轉，野鵠低昂，迴面則
> 日照蓮花，翻身則風吹弱柳……羅衣熠燿，似彩鳳之翔雲，錦袖紛
> 披，若青鸞之映水，……兩人（十娘與五嫂）俱起舞，共勸下官（張
> 鷟），下官遂作謝曰：「滄海之中難爲水，霹靂之後難爲雷，不敢推
> 辭，定爲醜拙。」遂起作舞……五嫂謂桂心曰：「莫令曲誤，張郎頻
> 顧。」桂心曰：「不辭歌者苦，但傷知音稀。」下官曰：「路逢西施，
> 何必須識？」遂舞著詞曰：「從來巡隴四邊，忽逢兩個神仙，眉上冬
> 天出柳，頰中旱地生蓮，千看千處嫵媚，萬看萬處娉妍，今宵若其
> 不得，剩命過與黃泉。」

在唐代早期酒令歌舞化的過程中，女妓的角色尚不突出，往往飲者即表演者，
如前引文中筵席上的張鷟、十娘及五嫂三人皆起身舞蹈，但這應非常態，可
能是因爲當時席上人少所致。若是在較大型的筵席中，做歌舞表演的主要是
女妓，而與筵者則是在一旁純粹欣賞，如初唐時王績〈辛司法宅觀妓〉詩云
「南國佳人至，北堂羅薦開，長裙隨鳳管，促柱送鸞杯」〔註163〕、陳子良〈酬
蕭侍中春園聽妓〉詩云「紅樹搖歌扇，綠珠飄舞衣，繫弦調對酒，雜引動思
歸」〔註164〕等等。從詩意看，音樂既然與酒相應，則舞蹈自然也應是酒令樂
曲而起，這種應令的歌舞，在盛唐詩仙李白的詩中亦不乏其例，如〈鄲鄲南
亭觀妓〉詩有云「歌舞燕趙兒，魏姝弄鳴絲，粉色豔日彩，舞袖拂花枝，把
酒顧美人，請歌邯鄲詞。」〔註165〕在這種場合中，詩人既把酒爲歡，則美妓
歌舞自然亦當不脫是應酒令以助酒興者。

　　中唐以後，士妓關係漸趨密切，士人酒筵娛樂幾乎少不了妓樂歌舞爲伴，
在此，我們且擷取幾首中、晚唐人的詩作以資參考：

> 花枝缺處青樓開，豔歌一曲酒一杯，美人勸我急行樂，自古朱顏不

〔註163〕見《全唐詩》卷三十七，頁486。
〔註164〕見《全唐詩》卷三十九，頁496。
〔註165〕見《全唐詩》卷一七九，頁1825。

再來……〔註166〕

鬱金香汗裹歌中，山石榴花染舞裙，好似文君還對酒，勝於神女不
歸雲……〔註167〕

……弦歌方對酒，山谷盡無雲……今來強攜妓，醉舞石榴裙。〔註168〕

……慢靸輕裾行欲近，待調諸曲起來遲，筵停七筯無非聽，吻帶宮
商盡是詞……〔註169〕

一般而言，中晚唐以來酒筵歌舞的興盛，自然跟燕樂曲調的流行與女妓數量的
擴增有關。士人與妓女的接觸，最主要的便是在各式酒筵娛樂中，其大者例如
能使長安城爲之空巷的進士曲江宴集，小者如三五好友聚會的家宴，酒筵已經
成爲士人狎妓生活的重要場合，也是音樂、歌舞等藝術表演欣賞與傳播成長的
最佳溫床。酒令的歌舞化，可說是隨著妓筵歌舞的日受重視而呈同步發展。

除上舉應酒歌舞外，唐代還流行著一種爲應酒令而作的「著辭歌舞」。「著
辭」一稱「著詞」，指的是樂與歌整齊對應的歌辭形式，即歌聲旋律線與樂曲
旋律線相一致的歌唱，〔註170〕更切要地說，它指的就是在酒筵上的依調唱辭
或依調作辭。其開始早在前引張鷟〈遊仙窟〉中，即有「舞著詞」之句，但
情形並不普遍，直到中唐以後，它對酒令藝術的影響才逐漸顯著。據研究，
著辭歌舞是一種融合西域民俗歌舞與本土燕樂的獨特產物，它對唐代酒令藝
術的影響，主要呈現在音樂風格與歌舞形式兩方面。〔註171〕而唐妓在著辭歌
舞的表現上，亦不乏傑出者，如白居易有〈對酒自勉〉詩詠杭妓吳二娘曰：

夜舞吳娘袖，春歌蠻子詞，猶堪三五歲，相伴醉花時。〔註172〕

另據明代楊慎《升菴詩話‧補遺》中補充道：

吳二娘，杭州名妓也，有〈長相思〉一詞：「深花枝，淺花枝，深淺
花枝相間時，花枝難似伊，巫山高，巫山低，暮雨瀟瀟郎不歸，空
房獨守時。」

可見白居易詩中的「夜舞」、「春歌」，當即吳二娘〈長相思〉的著辭歌舞。

〔註166〕白居易〈長安道〉，《全唐詩》卷十八，頁196。

〔註167〕白居易〈盧侍御小妓乞詩座上留贈〉，《全唐詩》卷四三八，頁4876。

〔註168〕羊士諤〈暇日適值澄霽江亭遊宴〉，《全唐詩》卷三三二，頁3704。

〔註169〕薛能〈舞者〉，《全唐詩》卷五五九，頁6487。

〔註170〕參王小盾《唐代酒令藝術》，頁62。

〔註171〕參同上註，頁68～69。

〔註172〕見《白居易集》卷二十，頁434。

　　前面提到，拋打令的出現，是唐代酒令歌舞化的重要標幟，而此一標幟的出現，是與時推移而非騰空以降。除可在初、盛唐的文獻中，找到酒令歌舞化的蛛絲馬跡外，也可從另兩類酒令——律令與骰盤令的改變中，尋得其痕跡。自中唐以來，律令便已由原先純粹文字令，逐漸變新花樣，開始出現所謂「變籌」、「改令」等形式，後又加入歌舞，而變成以「歌令」、「舞令」，來取代較內容較平淡的文字令，如元稹曾有詩云：

> ……邀我上華筵，橫頭坐賓位，那知我年少，深解酒中事，能唱犯聲歌，偏精變籌義，含詞待殘拍，促舞遞繁吹，教噪擲投盤，生獰攝魅使……〔註173〕

又如方干有〈贈美人〉詩云：

> 酒蘊天然自性靈，人間有藝總關情，剝蔥十指轉籌急，舞腰細柳隨拍輕。〔註174〕

籌令本屬唐人律令，其特點在於以籌宣令、以籌司飲，從元、方二人詩中，可知中、晚唐時籌令實已融入妓人歌舞。至於骰盤令，則因其具賭博性質，若有歌舞相伴尤助其興，因此歌舞化的情形也頗普遍，如白居易〈就花枝〉詩有「歌（一作醉）翻衫袖拍小令，笑擲骰盤呼大采」，〔註175〕可見在某些拋打令遊戲中，骰盤也被當作巡傳工具，〔註176〕而酒筵中行骰盤令的同時，妓樂歌舞更是不可或缺。

　　就出現時間前後而言，拋打令產生在律令、骰盤令之後，卻是綜合其前的各種酒令特質而形成的新式酒令，而且可能是自中唐以來的各式酒令中，與音樂歌舞結合最緊密、藝術內容表現得最豐富的一種酒令。由於有著一批能在酒筵上作專業表演的歌舞妓女，才使得酒令從遊戲的性質，逐漸脫胎換骨為唐代特出的藝術文化品種，可以說酒令歌舞化的過程，實即歌舞同酒令相結合的過程，佐酒女妓則是二者之所以能夠完美綰合的重要關鍵。這使得向來有言語無歌唱、有手勢無舞蹈的酒令遊戲，轉變而為深富內涵的歌舞藝

〔註173〕見〈元和五年予官不了罰俸西歸三月六日至陝府與吳十一兄端公崔二十二院長思愴囊遊因投五十韻〉，《元稹集》卷五，頁59。
〔註174〕見《全唐詩》卷六五一，頁7478。
〔註175〕見《白居易集》卷二十一，頁470。
〔註176〕另如劉禹錫〈和牛相公遊南莊醉後寓言戲贈樂天兼見示〉詩云「白家唯有杯觴興，欲把頭盤打少年」，說的也是用骰盤作為傳令工具，見《劉禹錫集箋證·外集》卷四，頁1246。

術，也因此吸引了更多文人士子，加入酒令創新的行列，使唐代酒令能夠向世人展現其多采多姿的豐富面貌。

第三，女妓與士人的配合，使得著辭成為唐代文人詞的先驅，深刻影響到日後詞的發展。前文提及的「著辭」，此處擬再稍作解釋。「著」字的本義是附加、依附，「著辭」指的就是依附在某一種東西上所作的辭，它可能是「依樂作辭」，〔註 177〕也可能是「依調唱辭」。〔註 178〕此處我們所要討論的則是「新翻酒令著辭章」〔註 179〕式的「依酒令設辭」型的著辭。廣義而言，可將其理解為那些可配合音樂舞蹈、作為酒令節目的依調撰辭或依曲唱辭。前面我們討論到酒筵上的歌舞表演，其節目通常是流行的燕樂曲調，歌辭有些是樂工歌妓們的創作，或者是採詩人的作品配曲入唱。此處所謂「著辭」，其性質則稍有不同，它主要是作為酒筵遊戲娛樂歌舞的歌辭而出現的。歌辭大多是即興創作或當席演唱，所配合的曲調，主要是作為某種酒令應用的歌舞曲，可說是酒筵歌舞同酒令技藝相結合所創造出的獨特產品。在唐代有不少著辭之作，皆因妓女而起，王小盾曾匯輯唐代著辭紀事共七十四則，其中與妓女相關者多達二十二則，比率將近三成（29.73%），中唐以後所作與妓相關者有十九則，佔與妓相關著辭的絕大多數（86.36%）。〔註 180〕顯見唐人著辭之作，

〔註 177〕如白居易〈故滁州刺史贈刑部尚書滎陽鄭公墓誌銘・序〉中有「公尤善五言詩，……名動一時，逮今著樂詞，播人口者非一。」，所言即「依樂作辭」，惟唐代此例並不多見。

〔註 178〕如韓偓〈別錦兒〉詩云「臨去莫論交頸意，清歌休著斷腸詞」（《全唐詩》卷六八二頁 7825）和〈裊娜〉詩云「著詞暫見櫻桃破，飛醆遙聞豆蔻香」（《全唐詩》卷六八三頁 7843），以及張祜〈正月十五夜燈〉詩云「三百內人連袖舞，一時天上著辭聲」（《全唐詩》卷五一一頁 5838），所指著均屬依樂曲唱辭者。

〔註 179〕見花蕊夫人〈宮詞〉之 123，《全唐詩》卷七九八，頁 8979。

〔註 180〕參王小盾《唐代酒令藝術・附錄二》，頁 329～390。在此為求明瞭妓與唐人著辭之關係，謹將王先生所輯著辭紀事略製一表如下，正文之參考數字乃自此一簡表所得：

與妓有關之著辭紀事（依王書原名）	時　代
1. 張鷟舞著詞	初　唐
2. 旗亭妓筵歌辭	盛　唐
3. 李白〈宮中行樂詞〉	盛　唐
4. 冷朝陽〈送紅線〉辭	中　唐
5. 浙西郡妓送酒歌	中　唐
6. 零陵妓送酒歌	中　唐

與士妓間的交往發展關係密切。唐人文獻中，還有些因無本事傳世，所以王小盾未予收入者，如白居易的〈醉歌示伎人商玲瓏〉及〈代謝好妓答崔員外〉等。〔註181〕這些與酒令相關的送酒著辭中，有的是贈妓或代妓而作者，有的則是妓人本身的作品。從這些現象讓我們得到兩點認識，一是在唐人的觀念中，詩與著辭並無絕對的分界線，著辭作品中固不乏如後世詞之長短句者，但也有許多是整齊的七字或五字詩。這似乎暗示著，人們若試圖在唐代為詞尋求一個絕對正確的起源，非僅不容易，甚且是不必要。其次是中唐以後的文人詞，之所以大部份作品均以描寫美人及酒筵歡娛為主要內容，以致最後形成像《花間集·序》所言充滿「綺筵公子、繡幌佳人」的總結性作品，與這些文人詞曾被用作飲妓們的送酒著辭，應該有很密切的關係。

　　若再就唐代著辭所用以配唱的曲調來看，更可見出女妓們的貢獻。基本上，凡是在酒筵中即興演唱的歌辭，無論其是否採用流行的燕樂曲調，均可稱之為著辭。但從實際的例子來考察，顯然著辭曲採用流行曲調者仍佔多數，今日可見的約七十首著辭曲中，兼為教坊曲調者，在四十七首以上，〔註182〕比例近七成。可見培養宮妓的教坊，實為著辭曲出產的大本營。安史亂後，

7. 杜秋娘〈金縷衣〉	中　唐
8. 李賀〈花遊曲〉	中　唐
9. 白居易妓送酒歌〈想夫憐〉	中　唐
10. 吳二娘、白居易〈長相思〉	中　唐
11. 裴諴、溫庭筠打令詞	中晚唐
12. 鮑家四弦送酒歌	中晚唐
13. 孫子多識舞女詞	中晚唐
14. 廣陵妓送酒歌	中晚唐
15. 盛小叢送酒歌	中晚唐
16. 丹霞歌著詞令〈怨胡天〉	晚　唐
17. 路巖〈感恩多詞〉	晚　唐
18. 孫處士〈柳枝詞〉	晚　唐
19. 韋蟾妓〈楊柳妓詞〉	晚　唐
20. 薛能〈楊柳枝詞〉	晚　唐
21. 妙香送酒詞	晚　唐
22. 王衍〈醉妝詞〉	晚唐（五代後蜀）

〔註181〕前詩見《白居易集》卷十二頁244，後詩見同書卷十九頁426。
〔註182〕參王小盾《唐代酒令藝術》第三章，頁98～105，以及劉尊明《唐五代詞的文化觀照》第七章，頁411～412。

教坊曲隨著散落各方的樂工歌妓，在酒筵娛樂場合中傳播，逐漸成爲一般社會大眾均能熟悉者，這也是唐代著辭曲及著辭寫作，得以風行的重要因素。李肇《國史補》卷下稱唐人酒令「工於舉場而盛於使幕」，所謂「舉場」與「使幕」，不僅是酒筵興盛、酒令發達的主要場所，而且也是士人同妓樂接觸，以及音樂歌舞得以繁興傳播的重要空間。若再加上舉子與官員好狎的平康妓館，以及各類官豪家中蓄養的家妓，則我們必須指出，妓女同士人的交遊、酒令技藝同音樂歌舞的結合，正是通過舉場、使幕、妓館、家宴等文化空間與公共娛樂場所方得以實現者，其中妓女可謂扮演極重要的中介角色。正因有大批酒妓與歌舞妓，配合文人士子，共同將音樂歌舞與酒令技藝融爲一體，從而創作出「著辭」這種型態的曲子詞形式，而使曲子詞與日後依律填詞的「詞」已經十分接近，可稱是詞的前身。在唐代的曲子詞中，又有一大部份爲妓歌之詞，據任半塘考證，《教坊記》中的樂曲，主要就是用於許永新、張紅紅、要娘、祈娘、宋娘、張四娘、龐三娘、顏大娘、裴大娘、御史娘、柳青娘、謝阿蠻、任氏四女等歌妓的演唱。〔註183〕某些教坊曲名，如〈杜韋娘〉、〈柳青娘〉等，實即歌妓之名。因此唐代曲子詞的基本風格和體制，受妓歌影響頗深，如元稹〈見人詠韓舍人新律詩因有戲贈〉詩云「輕新便妓唱，凝妙入僧禪」〔註184〕、喬知之〈倡女行〉詩云「且歌新夜曲，莫弄楚明光，此曲豔且絕，哀音斷人腸」、〈銅雀妓〉詩云「豔曲不須長」，〔註185〕以及皎然〈銅雀妓〉詩云「不覺餘歌悲自斷，非關豔曲轉聲難」〔註186〕等等。說明「輕」、「新」、「豔」、「短」等要件，是當時曲子辭須具的風格和體制，這顯然是爲求便利女妓在筵席上公開演唱。除此之外，歌妓們對詞文學史更大的影響還在於，她們傳播了大批優美的曲調，推動了文人填詞的風氣，今日文獻中所見流傳較廣、傳世較久的曲調，大多是因歌妓的謳唱而得以保留者。例如〈水調歌〉爲許永新、〈何滿子〉爲沈阿翹、胡二姊、〈楊柳枝〉爲樊素、周德華、〈西河長命女〉爲盛小蕷、〈羅嗊曲〉爲劉採春等女妓所擅。當這些歌妓將唐代曲子詞唱入酒筵時，其作用不僅在提出「因聲度詞」的需要，而且以其歌唱提供士人一種新的創作格式。即先依據曲拍來擬定令格，再依據令格寫作

〔註183〕參氏著《教坊記箋訂・曲名本事》之考證，頁184～186。
〔註184〕見《元稹集》卷十二，頁134。
〔註185〕前一首見《全唐詩》卷八十一頁876，後一首見同書同卷頁877。
〔註186〕見《全唐詩》卷八二〇頁9247。

著辭，最後才進入著辭的演唱，以下的兩首詩便反映出這樣的事實：

> 新翻酒令著辭章，侍宴初開意卻忙，宣使近臣傳賜本，書家院裏遍抄將。〔註187〕

> 城日晚悠悠，弦歌在碧流，夕風飄度曲，煙嶼隱行舟，問拍擬新令，憐香占彩毬，當筵雖一醉，寧復緩離愁。〔註188〕

前一首詩，說明著辭令通常是一次宴會中的主要節目，在這種宴會上，「新翻」的著辭令格，多頒於「侍宴初開」時，以便留給與宴者充份的構思時間，這可能是爲求適應格律精巧的著辭創作而立下的不成文規定。但即使如此，與宴者仍不免要「忙」上一陣，顯見這種曲子辭的創作實非容易。從詩中所謂「傳賜本」與「遍抄將」來研判，此種創作應是先有歌辭範例作藍本，也就是遵循以歌辭範例型式所公布的令格，而曲拍則是此令格的重要一環。故後一首詩有「問拍擬新令」之說，令格在此是聯繫曲調與歌辭的中介者，但由於士人可因曲拍而另擬新令，所以令格亦非完全一成不變，某些情形下，會在一種曲調令格之下又設置多種修辭令格，以供與筵者參選。因此這些曲調的體式，不僅反映出唐代文人在曲子辭格律方面的嘗試，也充份表現出著辭本身的特色，可說是晚唐、北宋以後詞體依律填詞形式的濫觴，若眞有心探討詞在唐代的起源，不妨自此中尋求可能的答案。

結　語

歷史風貌的豐富多樣，一經挖掘後，往往令人倍感驚奇。在以男性政治人物爲主軸的中國歷史上，身份卑微的女妓自然見不得光，非只名姓遭隱沒，連其在歷史上曾經有過的貢獻，也常被「有礙風化」、「墮落沉淪」等道德語彙一筆抹煞。女妓們不管曾做過甚麼，總是只能像黑暗中的罪惡之花般，躲在歷史舞臺的小角落裏顧影自憐。但是從本章的討論中可以發覺，當吾人摘去有色眼鏡，以平常心重新檢閱史料時，才知道唐代女妓們所扮演的角色，竟是如此多釆多姿。她們之中有的是歌值千金的歌唱家，有的是妙比凌波仙子的舞蹈家，有的是筆鋒溫婉的女詩人，有的是妙語如珠的名嘴，有的則是擅長書法的大家，在樂器演奏方面也有傑出表現。如果沒有這群女妓的努力和貢獻，唐代在文學

〔註187〕見花蕊夫人〈宮詞〉之 123，《全唐詩》卷七九八，頁 8979。
〔註188〕見杜牧〈後池泛舟送王十秀才〉，《全唐詩》卷五二五，頁 6018。

及藝術方面的成就，想必要遜色不少。另外，如果沒有女妓爲詩人刺激靈感、傳唱四方，很多唐人詩句恐怕早已失傳。若不是有諸多妓女故事可作參考，單憑白行簡、蔣防等人再如何苦思竭慮，大概也寫不出像〈李娃傳〉、〈霍小玉傳〉這般傳頌千古的佳作來。而文士們在酒筵妓館等娛樂場合，爲求助歡寫歌辭給妓女配樂演唱，其所造成的廣泛影響，雖不能武斷推爲詞體形成的起源，但二者之間關係密切則無庸置疑。凡此種種，均明確告知世人，唐妓非僅不該是躲在歷史陰暗角落啜泣的小花，以其本身的才藝成就及對唐代文學、藝術等之影響而言，實甚可昂首闊步於唐代的歷史舞臺。關乎此，林語堂先生有一段話，雖非專論唐妓，但也頗值吾人深思，在此謹引作本章結語：

妓女在中國的愛情、文學、音樂、政治等方面的重要性，是怎麼強調都不會過份的。男人們認爲讓體面人家的女子去擺弄樂器是不合適的，於她們的品德培養有害，讓她們讀太多書也不合適，於她們的道德同樣有害，繪畫與詩歌也很少受到鼓勵。但是，男人們並不因此而放棄對文學與藝術上有造詣的女性伴侶的追求，那些歌妓們都在這方面大有發展，因爲她們不需要無知來保護自己的品德……中國知識婦女的歷史，一部份需要在這些歌妓的身世中去探討。〔註189〕

〔註189〕參氏著《中國人》，轉引自萬獻初《中國名妓》頁176。

第六章　結　論

第一節　唐妓的情色倫理

此處所用的「情色」一詞，兼含英文 Pornography 與 Eroticism 二字之涵義，即「色情」與「性愛」之混合。〔註1〕色情所強調者爲性行爲之寫實面，屬露骨之表達，性愛則著重兩情相悅之美感氣氛，意義較爲含蓄。然而如此界定，並不足以解釋情色與色情間之具體分野。在大多數的文字資料中，一旦涉及情色者，即易被認爲是色情，而某些遭人指爲色情者，可能也只不過是對情色部份略多著墨罷了。在不同時代的價值觀與道德體系下，人們對情色與色情的認知也時有差異，因此實無須強作定義與區分。基本上筆者同意桑塔格女士（Susan Sontag）在〈情色的想像力〉一文中所作的簡潔界定：

> 一部情色作品之所以爲藝術的一章，而不淪爲垃圾，其理在於它的創
> 意、週延、眞實和力量，……作品是以上數端所化成的肉身。〔註2〕

桑氏所指的「垃圾」，即文字中的色情與誨淫成份，這在唐代史料中並不多見。倒是有關女妓的作品中，不少是富有「創意、週延、眞實和力量」者，這也正是本節所要據以討論之主要材料。

至於倫理二字，其義自不須筆者在此贅言，然而其與情色結合後所指意涵爲何，則不能不稍作解釋。傳統上，女妓向來被摒斥於社會正軌倫理之外，唐代女妓雖因其詩文歌舞才華深受肯定，而得以在某些場合，與官豪名士平

〔註 1〕 轉引自宋美樺〈欲解還結：文學／情色／色情〉，頁 33。
〔註 2〕 參同上註。

起平坐，甚至在談笑風生間壓倒名士，但這也只是極少數才華出眾之名妓，方得享有之殊遇。吾人必須認知，士人所敬重者爲妓之才藝，而非妓之人格。所以即使是類似薛濤如此一代名妓，在不慎得罪西川節度使韋皋後，爲求免禍，仍得向其獻上〈十離詩〉，搖尾乞憐式地自喻爲「犬離主」、「魚離池」，才得以重修舊好。李益對小玉的始愛終棄、孫棨對王福娘之始戀終拒，其基本心態亦莫不如是。才藝名妓縱使在狎冶層次上，已提昇爲士人愛戀與酬唱之對象，而非僅供性慾發洩之工具。但即使如此，在身份階層規定嚴密的唐代社會中，女妓卻仍難脫其賤民性質之原始地位，無論日後除去妓籍與否，總難爲社會正規倫理所接納。因此白行簡才必須在〈李娃傳〉傳末，畫蛇添足地爲李娃大作美飾，以使其結局能趨於合理。不過，誠如第四章第二節中所言，在女妓之中，其實亦不乏有情有義甚至爲情死生相許者，更有女妓爲求表示對愛情忠誠，而設計將梳攏之權獻給所愛的人。凡此種種皆可見出，即使不爲社會正規倫常所接納，但就女妓本身而言，仍有其認同之倫理原則，既非人盡可夫，也未必全然見錢眼開。當然，對眞正出色的妓女來說，贏得錢財或滿足狎客性慾等，均非其主要目的，因爲這些純粹物質性的享樂，無助於女妓生涯之轉換。多數唐代士人狎妓的主要需求，亦非僅止於物質與性慾之生理層次，更要求必須有精神上的契合。在妓女與狎客雙方均有此認知的情形下，久而久之，在其歡狎過程裏，便產生了某些彼此皆認同的倫理原則。如果借用《莊子·胠篋》篇所說「盜亦有道」一語來比擬，或可稱是「色亦有道」，簡單名之爲「色道」。〔註3〕因有此道，所以士人才能在狎妓之餘，享受到在其他女性身上無法體驗到的歡愉，而女妓也藉著維護與發揚此道，而能不時獲得士人的欣賞與社會的掌聲。質言之，因有色道所以唐妓才足以構成一個值得嚴肅討論之學術課題，而不致流於輕薄膚淺。因此在討論唐妓問題的最後，實有必要對唐妓的情色倫理也作一番探究。

綜觀唐妓所表現之情色倫理，約略而言有下列數端：

第一，是狎客與女妓一旦建立戀愛關係後，即不得再接近其他女妓，女妓亦不得接納其他狎客，頗類似社會上一夫一妻制之倫理關係。此處所要說明的是，雖然吾人強調情色倫理之精神面，然亦不可完全否認其仍須有物質層次之情慾作基礎。到底狎客與女妓之間，鮮見有情無色者，情色交融實爲

〔註 3〕「色道」一詞，乃參考自李永熾〈井鶴西原的好色餘情〉文中，所述日人井鶴西原氏在《好色一代男》、《好色一代女》等書中，所強調之「遊里倫理」。

其間倫理建立之根本。由色生情、因情見愛，則是情色倫理之形成所常經之途徑。例如〈霍小玉傳〉中的男女主角，終日「思得佳偶、博求名妓」的才子李益，遇上平素「不邀財貨、但慕風流」的美妓小玉，兩人當然一拍即合。正如李益對小玉所言「小娘子愛財，鄙夫重色」，其戀愛關係之建立，實是由色入門。而在圓房當夜，色慾之滿足才讓彼此的關係得以持續發展：

> 酒闌，及暝，鮑引生就西院憩息，閒庭邃宇，簾幕甚華，鮑令侍兒桂子、浣沙，與生脫靴解帶。須臾，玉至，言敘溫和，辭氣宛媚，解羅衣之際，態有餘妍，低幃昵枕，極其歡愛，生自以為巫山、洛浦不過也。

即因有此一夜恩愛，才使雙方由傾心終至愛戀，「自爾婉變相得，若翡翠之在雲路也。如此二歲，日夜相從。」可見小玉頗似為李益所「買斷」，而李益在這段期間，亦無形中被小玉所「獨佔」。當事人本身也認同此等「風月夫妻」關係，應具有某種倫理性質與規範，如在恩愛之夜，小玉忽對自己若「一旦色衰」，對方恐將「恩移情替」而流淚飲泣時，李益則安慰道：「夫人何發此言？」為求取信於小玉，更願將心意「以素縑，著之盟約」，小玉亦煞有介事地「收淚」，並命侍兒「授生筆研」，待此「引喻山河、指誠日月」之盟約書畢，還慎重地將其「藏於寶篋之內」。此事所反映者，實即小玉對情色倫理之重視，雖然與李益並無正式夫妻關係，但在小玉心目中，此一白紙黑字所立之盟約，絕非率爾戲言，而是具有形同婚姻證書般之效力。自此之後，其情色對象，僅限於「夫君」李益一人，她也自認為是李益的「夫人」，因此除非李益休她，她自然不會再與其他狎客往來。但李益若欲與其切斷關係，也必須有充份理由，不然她也不會輕易善罷甘休。因為無論她或李益另結新歡，就情色倫理而言，都無疑是夫妻關係中的「外遇」與「背叛」，絕對無可容忍。這也就是為甚麼日後李益棄她而去、另娶高門盧氏女時，她仍鍥而不捨地要找李益本人問個明白的主要原因。其所深惡痛絕者，除李益之薄情外，更氣憤他對彼此「夫妻」盟誓之叛逆。因此在臨死之前才會痛斥李益「君是丈夫，負心若此！」，並誓言「死之後，必為厲鬼，使君妻妾，終日不安」，作為報復之手段。

　　由此可見此等情色倫理之維持，亦如世間夫妻倫理關係般，必須當事人兩造皆有心，方得以長久。在〈霍小玉傳〉中，小玉可說是至死不渝謹守色道，而李益亦非全無共識，至少在與小玉共處的兩年間，他也堪稱專情一致。只是後來在家族壓力與仕宦利益的誘惑下屈服，成為色道的叛變者。當時他

「自以孤盟負約，大愆回期」，而對小玉「寂不知聞，欲斷其望，遂託親故，不遣漏言」，顯見在李益心中，違背情色倫理確屬道德良心之虧欠，並非與女妓交往即可全然不顧道德規範。能像小玉如此死守情色倫理者，亦不因其爲女妓身份卑賤而爲人輕視，因此其事跡能使「長安中稍有知者，風流之士，共感玉之多情，豪俠之倫，皆怒生之薄行」。可見情色倫理之發揚得當，亦未嘗不能爲一般社會大眾所接受。

　　唐代風月夫妻情色倫理之另一著例，是〈李娃傳〉中的李娃與鄭生。雖未如李益與小玉著盟爲約，但是在與鄭生相眤逾歲後，李娃即對鄭生道：「與郎相知一年，尙無孕嗣。常聞竹林神者，報應如響，將致薦酹求之。」雖然事後證明此實娃與鴇母共設之詭計，但由李娃所言觀之，其視自己與鄭生間已具夫妻倫理，則屬無庸置疑。鄭生自然也認同此等倫理關係，否則以當時社會情狀，兩人能成親與否，猶在未定之天，豈有率爾懷孕之理？其與〈霍小玉傳〉不同的是，自始至終謹守色道者爲狎客鄭生，而成爲色道叛逆者則是女妓李娃。此似乎也說明在女妓與狎客的情色世界中，實無身份等級之差異，對愛情的忠與不忠，亦無關乎彼此的出身與學問，實爲一人人平等之世界。但無論違背情色倫理者爲何方，其內心的自責與社會輿論的批評，皆是難免。李娃在重逢行乞瀕死的鄭生時，「失聲長慟，曰：『令子一朝及此，我之罪也！』」，又在警策鴇母不要拒絕收容鄭生時道：

> ……當昔……互設詭計，捨而逐之，殆非人，令其失志，不得齒於
> 人倫，……又困躓至此，天下之人盡知爲某也，生親戚滿朝，一旦
> 當權者熟查其本末，禍將及矣！況欺天負人，鬼神不祐，無自貽其
> 殃也。

可見在唐妓的情色倫理意識中，不僅有類似人間五倫的概念，也包含了宗教上的輪迴報應觀念，所以社會上才會普遍相信李益婚姻之不順遂，乃因小玉鬼祟作怪之緣故。顯然情色倫理雖是一無形之精神制約，但對已建立戀愛關係，且互有誓約之女妓與狎客雙方而言，其效力實亦不下於法條明定之倫理規範。若是惡意違背者，必受天地鬼神之審判與懲處，此亦情色倫理能在妓女與狎客間受到尊重與維繫之主因。

　　若從「社會控制」（Social Control）的觀點來看風月夫妻間的情色倫理，〔註4〕則不妨將其解釋爲，因爲「雜交」機會的降低，使得彼此更爲尊重對方，

〔註 4〕有關社會控制之理論，普通社會學書籍均有論及，此所據以參考者，乃西人

而使此等倫理關係得以維繫。西方學者金斯利・戴維斯（Kingsley Davis）即
稱：

> （娼妓之所以受責難）根本的出發點，乃因此一制度包含了高度的
> 「雜交」行為，這種雜交行為又不能滿足任何公認的社會目標。每
> 一個社會都會有其規範，都傾向於限制性慾，都要將性慾納入正軌，
> 普通的辦法是，把性生活和某種穩定的社會關係聯繫起來，如夫妻
> 關係便是一例。〔註5〕

雖然戴氏所言乃西方工業社會之情況，但若用以解釋唐代狎客與妓女間情色
倫理之基本概念，似亦非全然不可。因為在唐代社會中，狎客與妓女間的性
關係，若欲以正式夫妻關係作聯繫，有其不易克服之困難存在。而情色倫理
正好提供另一可依循之替代途徑，它使得妓女與狎客間的戀情，能夠獲致社
會的承認與容允，亦即被置於社會控制之下。如果狎客只為洩慾取樂，或者
女妓只想藉出賣色相圖利，則雙方行為均可能逸出社會控制的範圍之外，不
受社會支配，自然就難獲社會支持，甚至要遭受唾罵矣！

　　情色倫理雖屬所謂「非正式社會控制」（Informal Social Control），但人們
為免受自己所屬次級團體或整個社會的譴責，此種道德制裁，往往比來自官
方條規的「正式社會控制」（Formal Social Control）更具效力。在唐代，其壓
力成份中又融入鬼神報應的宗教因素，益使狎客與妓女，均無人敢輕言逾越
此一無形規範，愈是能恪守此一色道者，愈能贏得社會之讚揚。除小玉外，
像本書第四章第二節中提到的太原妓與青州妓段東美等，也都是因奉行色道
至死不渝而為世所重。人們之所以不責難其為妓女之卑賤或士人狎妓之不
當，原因正在於遵奉色道的女妓，已不再與他人有「雜交」之行為，除去了
一般人鄙視妓女的最主要障礙，而使其與狎客間的愛情，得以受社會正常規
範之支配與控制。如此自然容易為社會所接受，甚至在狎客違犯色道時，有
心人士還會挺身相助，代行此種非正式社會控制的懲罰力量，如〈霍小玉傳〉
中強挾李益去見小玉的黃衫俠士即其一例。

　　第二種情色倫理規範是，女妓對自己非真心喜愛而圖以財勢相逼之狎

Donald Light&Jr. Suzzane Keller 合著、林義男譯：《社會學》上冊第九章〈偏
差行為與社會控制〉，頁314～362，以下有關社會控制之專有名詞，皆引自此
書。

〔註 5〕見 Kingsley Davis 著、楊美惠譯：〈娼妓問題〉，頁 232。

客，可以拒接或違背，亦爲社會所容。這是非正式社會控制下，一種微妙的反向壓力，一方面社會女妓與鍾情之狎客，產生如夫妻般的親密關係，但另一方面又允許女妓可不忠於非自願喜歡的狎客。此種情色倫理無疑是對社會上有錢有勢並試圖以此霸佔女妓者之反擊，也在警告世間狎客，若不對女妓之選擇權予以尊重，則非正式社會控制力亦將發揮效用，以維護女妓的情愛自由，使女妓保有情愛自主權。例如宣城女妓史鳳，對其所不喜之狎客「不相見，以閉門羹代之，使人致語曰：『請公夢中來！』」如此無禮卻未受責備，還有人願意「罄囊有銅錢三十萬」，只爲至其所設「迷香洞」中一遊。〔註 6〕此種情色倫理表現最特出者，當屬《北里志・張住住》條中，女妓張住住私通所愛龐佛奴並設計巧騙狎客陳小鳳被誑之後猶不自知，還想強行施壓將住住「嘉禮納之」，住住卻未爲所動，甚至不惜以死相抗。且看當時社會知此事者之態度，即可見一斑：

> 平康里中，素多輕薄小兒，遇事輒唱「住住誑小鳳也」！鄰里或知之。俄而復值北曲王團兒假女小福，爲鄭九郎主之，而私於曲中盛六子者，及誕一子，滎陽撫之其厚，曲中唱曰：「張公喫酒李公顛，盛六生子鄭九憐，舍下雄雞傷一德，南頭小鳳納三千。」久之，小鳳因訪住住，微聞其唱，疑而未察。其與住住暱者，詰旦告以街中之辭曰：「是日前佛奴雄雞，因避鬥飛上屋傷足，前曲小鐵鑪田小福者，賣馬街頭，遇佛奴父，以爲小福所傷，遂毆之。」住住素有口辯，因撫掌曰：「是何龐漢，打他賣馬街頭田小福，街頭唱：『舍下雄雞失一足，街頭小福拉三拳。』且雄雞失德，是何謂也？」小鳳既不審且不喻，遂無以對，住住因大咍，遽呼家人，隨弄小鳳，甚不自足。住住因呼宋媼，使以前言告佛奴，（佛）奴視雞足且良，遂以生絲纏其雞足，置街中，召群小兒共變其唱住住之言，小鳳復以住住家噪弄不已，遂出街中以避之。及見雞跛，又聞改唱，深恨向來誤聽，乃益市酒肉，復之張舍。一夕，宴席甚歡，至旦將歸，街中又唱曰：「莫將龐大作妝團，龐大皮中的無乾，不怕鳳凰當額打，更將雞腳用筋纏。」小鳳聞此唱，不復詣住住。

住住的黠慧、佛奴的機巧與小鳳的癡憨，讀來令人稱絕，惟吾人尤應注意者爲，其中平康里人對此事所持之態度，與幾首街中唱詞所顯現的社會意義。

〔註 6〕參《雲仙雜記》卷一〈迷香洞〉條，頁 20。

先是住住爲小鳳所買斷，按妓館規矩，既已受人錢財，則至少在買斷期間，
應該忠於買主。但住住顯然並未如此，其所持理由即是「小鳳亦非娶我也，
其旨可知」，認爲小鳳若是眞心愛她，就應該設法爲她贖身並正式迎娶入門。
可見在住住心目中，並不認爲自己與小鳳具有風月夫妻關係，因此也不必遵
守情色倫理之規範。而非正式的社會控制力，也認同她的作法是在抵制小鳳
的財勢壓力，因此未對她施壓，允許她與佛奴保持暗中往來。且由平康里中
人多願助其改變街中唱辭，以達矇蔽陳小鳳的目的來看，社會大眾似乎也
認同她與佛奴的愛情，合乎情色倫理的規範，應該助其有情人成眷屬。至於
陳小鳳，則是被認定爲破壞情色倫理的仗財欺人之徒，人人得起而攻之，所
以非正式社會控制力即單獨施壓在他身上，使其不時產生嚴重的困窘
（Embarrassment）。困窘在非正式社會控制的實務上，常佔居極有力的份量，
因困窘而感到的不舒服，會令人產生強烈的動機以克制行爲，以免引起社會
更多反對致再受困窘。﹝註7﹞所以小鳳在一再受窘後，最後即索性放棄住住，
不再作張、龐二人間情色倫理的破壞者。這樣的倫理規範顯示，即使是以色
事人的女妓，亦非任何人都可以金錢購得其身體與精神的全部，此爲女妓之
基本人格。或許爲求生計，會暫時委身於己所不愛之人，然一旦機會來臨，
必將趁機反撲，尋求眞正的幸福，社會輿論也多會予以支持。因爲這使女妓
與狎客間的來往，具有可依循之倫理規範，不致因貪圖榮華富貴而任意拋棄
所愛之人，製造更多的社會衝突，合乎社會控制與支配的原則。

　　情色倫理的第三項，是要求女妓與狎客二者在交往中，均應相互誠心對
待，絕對不可任意背棄承諾。俗語所謂「嫖客無義」、「婊子無情」，只是一般
無行狎客與低級妓女的行爲寫照。對眞正想追求風月情趣的狎客，與企圖在
風塵界樹立聲名的女妓而言，情義如何尚可不論，惟彼此誠心對待，則是必
須恪遵之情色倫理規範。否則存心欺詐的一面，將難以在社會上立足。若是
將妓館當成是商業結構體來看待，任何生意均須有一群固定且可信靠之忠實
客戶爲基礎，方不致有陷入斷炊之虞。妓女則因其平日營業多在妓館中等待
狎客上門，在商業交易結構上屬於被動體，狎客則是可去可來之主動體，假
若妓女本身欠缺足夠吸引狎客再度上門的誘因與魅力，或者因所行不當而遭
狎客在外渲染抹黑，對妓館之經營自然相當不利。若是鎮日生張熟魏、人盡
可夫之低級妓女實無庸多論。但對唐代以文人士子爲消費主體之妓館而言，

﹝註7﹞有關困窘於社會控制上之應用，參自林義男譯《社會學》，頁325。

維持狎客的青睞與歡心，無疑就等於保全持住妓館長期經營之命脈。因此妓女常須使自己在皮肉滿足之外，兼具其他文化功能，儘量減少雜交的機會，且要設法使自己不致淪爲僅供狎客作慾發洩的工具。〔註8〕如此方能提升妓女品味，留住狎客的心。狎客通常不樂於重複與同一名妓女發生性關係，因如此僅達乎「色」而未及於「情」之狎冶，並非唐式風流之主要內涵，所以妓女若要在吸引狎客一事上佔居上風，除須勤於要求自己充實才藝本領外，還要對狎客誠心對待，才能在賺取狎客囊中金之餘兼擄獲其心。相對地，爲免吃虧，妓女自然也會要求狎客付出誠心，此一則有益狎客提升狎冶的精神層次，再則也有利於妓女與妓館的生計。如前言小玉要求李益將誓言著之於三尺素縑，並妥慎收藏於寶篋之中，正是這種唯恐狎客來日負約之心理寫照。而在〈李娃傳〉中，也有類似的情形：

> 生曰：「前偶過卿門，遇卿適在屏間。厥後心常勤念，雖寢與食，未嘗或捨。」娃答曰：「我心亦如之。」……姥笑曰：「男女之際，大欲存焉。情苟相得，雖父母之命，不能制也。女子固陋，曷足以薦君子之枕席？」生遂下階，拜而樹之曰：「願以己爲廝養。」姥遂目之爲郎。

這是鴇母爲防鄭生對李娃只是一時因色愛慕，欲測驗其誠意而代李娃以語相激，取得鄭生口諾後，方肯答應李娃薦其枕席。而鄭生猶恐口說無憑，不足以動李娃之心，爲示誠心，於是「及旦，盡徙其囊橐，因家於李之第」。只不過令人感歎的是，李益對小玉信誓旦旦且著之縑盟，而最後負心者卻正是他，鄭生亦傾其所有爲李娃付出，然而卻換來李娃與鴇母設計坑陷。說明妓女與狎客間的誠信，基礎實極脆弱，妓女雖能因要求狎客誠心而略具自主性，不致處於完全讓狎客挑擇之被動地位，但妓館終究是狎樂之地，要求狎客誠心相待並持之以恆，或者要求妓女拒絕現實利益的誘惑，到底皆有其實際上的嚴重困難。

　　雖然終歸有困難，但此一誠信情色倫理，卻仍具備相當程度之道德制衡力。對蓄意違犯此一倫理規範者，無論是狎客或女妓，非正式的社會控制力，

〔註8〕 據楊美慧譯：〈娼妓問題〉一文頁237所言，一般妓女若欲提升其社會身價，有三原則可循：（1）在若干從嚴選則的基礎上，把雜交的機會儘量減少；（2）將其收入，花在較有社會意義之用途上，如救濟家庭或幫助孤貧等；（3）除供人皮肉滿足外，兼具其他文化藝術功能。唐代名妓之所以能週旋於當時名人雅士之間，可以說是巧妙地應用了這三項原則。

均將對其施壓，以維護情色世界的正常運作，此種現象應可解釋作「社會交換」或「社會互動」的一種。〔註9〕就社會交換論而言，妓女與狎客正如進行一場互惠交易，當兩造的付出與所得，符合社會的「對等性規範」（Norm of Reciprocity），即付出與回收彼此相等的期待時，男女雙方可望處於平等和諧之互動狀態。但因人們在交換的過程中，總想增加酬賞而減少所付之代價，因此「衝突」（Conflict）便隨時可能會出現。此種兩性間的衝突，對整體社會安定雖無大害，但若任其漫無約束地產生或擴大，影響所及也可能導致社會原有之規範與價值體系趨於崩解。此時正式與非正式之社會控制力，均可能出現，對造成衝突的一方，即違犯誠信原則者進行制裁，期使兩性間衝突止息，再回復原有的平衡狀態。如前言社會輿論對小玉的同情及對李益的責難，又如李娃對自己負義後的良心自責，實亦來自一種深恐社會制裁的潛在壓力所致。對於能奉行誠信情色倫理的狎客與妓女，在男女情愛上，自然產生一種動人的美感，會廣受社會的認同與讚許，如太原妓與歐陽詹、段東美與薛宜僚等例，即因其誠心而使士妓之戀倍顯淒美。另如房千里〈楊娼傳〉中，述長安殊色楊娼與嶺南帥甲，彼此相愛甚篤，帥甲且不惜重賂爲楊娼削去妓籍，並攜其同至南海（今廣州）金屋藏嬌，但最後「帥得病，且不起，亟思一見楊娼」時，卻因帥甲夫人從中作梗，兩人不及相見而帥甲物故，當時受帥甲奇寶相贈且派人護送（爲免帥甲夫人相害）北返的楊娼，方抵洪州（今南昌），聞帥甲噩耗後：

> 娼乃盡返帥之賂，設位而哭，曰：「將軍由妾而死，將軍且死，妾安用生爲？妾豈孤將軍者耶？」即撒奠而死之。

作者最後對此事之評價爲：

> 夫娼，以色事人者也，非其利則不合矣。而楊能報帥以死，義也，卻帥之賂，廉也，雖爲娼，差足多乎？

「報帥以死，卻帥之賂」，正是楊娼恪守情色倫理而能受人稱揚之處。她與帥甲二人互報以誠信，即使帥甲已死，仍不稍有欺矇，返賂之餘又撒奠死之，相當符合「對等性規範」的報答原因，雖然下場悲涼卻倍受社會肯定。在此案例中，吾人尚可見唐人之報應觀，往往偏向於同情弱者，因帥甲與其原配夫人在結婚時，即曾有約在先道：「設有異志者，當取死白刃下！」按理帥甲背信在先，楊

〔註9〕 參林義男譯《社會學》第四章〈互動與社會結構〉，頁123～156，另可參龍冠海《社會學》第十一章〈社會互動——動態社會關係的方式〉，頁313～336。

娟則是助成其惡者。但社會對此最後相殉的愛侶，並無所責難，反倒是那位「擁健婢數十，列白梃、熾膏鑊」，準備一見楊娟來會帥甲，即將其「投之沸鬲」的帥甲夫人，由丈夫外遇的受害者，一轉而爲不近人情之加害者。社會在稱許楊娟以死成義之行爲時，似乎也忘記計較她曾是破壞帥甲夫婦盟誓的第三者。這或可解釋爲，唐代社會對仕宦狎妓，本無嚴格法律規範，就社會控制之角度而言，狎妓只要不淫逸過度，在當時尚難稱「偏差行爲」（Deviance），自無須橫加約束。而帥甲夫人阻止楊娟一見垂死之帥甲，非僅不近人情，其所造成之衝突，已嚴重影響到原先的平衡互動關係，最後導致帥甲與楊娟二人皆含恨而終。人們對任何造成社會衝突與不安的角色，無論其動機爲何，通常都不會輕易原諒，而對社會衝突下的犧牲者，也多半會寄予同情，此正帥甲夫人雖得理卻不爲社會認同，楊娟雖理虧卻能受人憐憫之原因所在。

第二節　唐妓問題之社會學解析

　　東西方社會雖各有不同發展，但某些共通的法則卻是彼此適用。妓女是一個長期共同存在於東西方社會之歷史問題，西方社會學家對此有許多研究成果堪供參考，雖然時代特徵與國情有異，但若適當引用，應該有助強化吾人討論唐代妓女問題之深度。若欲探究唐妓對當時社會之影響，並賦予其適當之歷史評價，或許不妨透過西方社會學之輔助，解析出女妓在唐代社會之正負面意義，而要自社會學角度分析唐妓問題，首先就要說明此問題在當時是否爲一社會問題。據社會學家解釋，一個社會現象要形成社會問題，至少必須具備四項條件：〔註10〕

（1）此現象違背某些公認（或至少一部份人認爲）的良好社會規範與價值，或觸犯到某些人的利益；

（2）此一現象爲大多數人（或一部份人）認爲是普遍存在社會結構中的問題，且其嚴重性持續一段相當長的時間，而致對許多人產生不利的影響；

（3）在絕大多數的情形下，此一現象之發生，非可由個人或少數人所能負責；

（4）對此現象，人們相信其可透過集體行動加以改進或去除。

　　社會學上的定義，常因問題的時間性、空間性與複雜關聯性而有差異，

〔註10〕參葉啓政〈有關社會問題基本性質的初步檢討〉文，頁6。

時代與文化背景之不同，更易造成認知上之差距。因此吾人不可僅憑概括印象即認定唐妓問題爲當時社會問題，必須再逐項檢查唐妓問題是否能滿足這四項條件。

　　就條件（1）而言，唐代的宮妓、家妓或官妓，因均爲政府所明文許可者，自不涉及違反社會規範與價值的問題。至於狎遊民妓也因無法條禁止，尚不脫社會之常軌，其中唯一的限制乃在不得淫逸過度，因爲可能傷身或者耽誤公務，甚至破壞家庭幸福。如溫庭筠之長年流連狹邪，或如「唐李度支蓄妓陶芳而棄妻，有敕停官」等，〔註11〕顯然違反了傳統社會禮法，如此則女妓自然構成社會問題。就條件（2）而言，基本上唐人亦認同娼妓制度可作爲婚姻制度之補充，故而允許蓄家妓並由官府供養官妓，以期使此一長年存在於社會結構中的問題，能獲致正面的解決。因若非如此，則對個人身心健康及家庭安定，所帶來的負面影響可能更大。至於條件（3）則不言可知是符合的，條件（4）則因史料之限制，認定稍有困難，不過仍可透過唐人所留下的文字記載，略知其梗概。如孫棨在《北里志・跋》中寫道：

　　　　余頃年住長安中……勝遊狎宴，常亦預之……余不達聲律，且無耽
　　　　惑，而不免俗，以其道也，然亦懲其事，思有以革其弊……嗚呼！
　　　　有危梁峻谷之虞，則迴車返策者眾矣，何危禍之惑，甚於彼而不能
　　　　戒於人哉？則鼓洪波遵覆轍者，甚於作俑乎？後之人可以作規者，
　　　　當力制乎其所志，是不獨爲風流之談，亦可垂誡勸之旨也。

言下之意，自是奉勸世人須謹愼平康狎遊，並呼籲社會要以群體力量改善狎邪之歪風。崔令欽在《教坊記・跋》中，也有相似的看法：

　　　　夫以廉潔之美，而道之者寡，驕淫之醜，而陷之者眾，何哉？志意
　　　　劣而嗜欲強也。借如涉畏途，不必皆死，而人知懼，溺聲色則必傷
　　　　夭，而莫之思，不其惑歟？……殉嗜欲近情，忘性命大節，施之於
　　　　國則國風敗，行之於家則家法壞，敗與壞，不其痛哉？……非無元
　　　　龜，自有人鑑，遂形簡牘，敢告後賢。

崔令欽所言，雖是針對玄宗時期宮妓過盛之事而發，然亦未嘗不可看作是對娼妓敗壞社會風氣提出改善建議之普遍性觀點。《教坊記》成書於安史之亂後，《北里志》則是黃巢亂後的追思之作，可見在承平時期，娼妓問題較不爲人所重，一旦國家社會因事動盪後，人們檢討昔日繁華奢侈時，自不免要一

〔註11〕見《盦史選注》卷二，頁41。

提狎妓冶遊之不當，而試圖著書喚起社會共識，以集體力量對此問題進行改善或加以革除。

由以上之討論可知，唐妓問題在當時社會，確實應該可稱是社會問題。其有異於其他社會問題的是，雖亦屬社會關係失調的一種，但在某些方面，又可能為社會安定帶來助益，因此不應純以好或壞來片面論斷其對社會的價值意義。以下本文即從負面功能與正面功能兩個不同角度，分別來探討女妓對唐代社會的影響。

在負面影響方面，歸納而言約有以下幾項：〔註12〕

第一，妓館為忘形狎歡之所，故常因人性貪慾或利害糾葛，而致成為犯罪淵藪。例如控制妓女人身自由、進行人口買賣、對狎客詐財甚至謀殺等等。《北里志·海論三曲中事》條即謂，妓女只有在每個月逢八之日，才能外出至保唐寺聽講席，出門前尚得繳納一緡（千文）的保證金給鴇母。若是其他時日欲往他處，則「必因人而遊或約人與同行」，足見其行動自由極受限制，處處受到妓館的箝制與剝削。之所以如此，除因女妓為妓館搖錢樹、不可任令逃脫外，也因許多女妓是妓館自幼從「下里貧家」買來養大，不能不妥善看管，以免投資血本無歸。在有利可圖的誘因下，遂「常有不調之徒潛為漁獵」，進行買賣人口或逼良為娼的勾當，如女妓王福娘，即是從小被人自山西鄉下拐賣至京城妓館者。至於妓女訛詐狎客金錢之事，更是時有所聞，如同書〈天水僊哥〉條中，女妓天水僊哥與進士團所由輩，即合謀詐取新科進士鄭覃「百餘金」。又如〈王蓮蓮〉條中，稱該妓館「諸妓攪余特甚，詣其門者，或酬酢稍不至，多被盡留車服賃衛而返」，則已幾乎是變相劫財。另外像張住住假冒處女以詐取陳小鳳「求元」之財，以及李娃與鴇母設計使鄭生「資財僕馬蕩然」再予以棄絕等，嚴格說來，均屬女妓對狎客之欺詐行為。雖因當事人一個願打一個願挨，而未鬧成法律案件，然亦可見出妓女詐財風氣之盛，復以缺乏有效社會控制力予以反制，當時為此破財受累者必然不少。尤有甚者，是謀財猶不足，還殘害人命，孫棨在《北里志·跋》中，稱平康妓曲為「不測之地」，意即狎遊其中者，往往須冒破財亡命之險，他並舉兩則親聞之實例，以「垂戒後來」之狎客：

（1）王金吾，故山南相國起之子，少狂逸，曾暱行此曲，遇有醉而

〔註12〕有關娼妓對社會之負面影響，另可參考謝康〈賣淫制度和娼妓問題〉一文，以及蔡勇美、江吉芳合著《性的社會觀》，頁163～165。

後至者，遂避之床下。俄頃，又有後至者，仗劍而來，以醉者爲金
吾也，因梟其首而擲之曰：「來日更呵殿入朝耶？」遂據其床。金吾
獲免，遂不入此曲。其首家人收瘞之。

（2）令狐博士滈，相君當權日，尚爲貢士，多往此曲，有暱熟之地
往訪之。一旦忽告以親戚聚會，乞暇一日，遂去之。滈於鄰舍密窺，
見母與女共殺一醉人而瘞之室後。來日復再詣之，宿中夜問女，女
驚而扼其喉，急呼其母，將共斃之，母勸而止。及旦，歸告大京尹
捕之，其家已失所在矣！

在例（1）中，欲殺執金吾王式的凶手，應是朝中相惡之仇家所遣，然其
何以能知王式之行蹤？又如何順利潛入妓館行凶？恐怕該妓館上下均難脫干
係。而在例（2）令狐滈更因一時失言，險招殺身之禍，若非鴇母憚於其父令
狐綯爲相權大，不欲惹是非，否則令狐滈恐將不免死作風流鬼矣。

觀察妓館之犯罪行徑，從控制人身自由、拐賣女口至謀財害命，其事均
非一人所可獨爲，實已接近於社會學上所謂「組織化犯罪」（Organized Crime）。
〔註13〕即以經營妓館此一合法之商業活動作掩護，暗中進行非法之犯罪行
爲，藉以控制其成員（妓女），並對其顧客（狎客）實施金錢與性命之欺詐與
傷害，以圖謀取不法暴利。在此犯罪結構中，妓館的鴇母、假父、女妓，均
爲其核心組織成員，其外圍成員則包括在妓曲中遊惰的「廟客」之流、爲新
科進士媒介女妓的進士團所由輩，甚至鴇母所倚之「邸將輩」及其私蓄之「侍
寢者」，皆可能爲共犯。如此橫跨黑白二道之複雜集團，若眞有意犯罪，自然
會對社會治安造成相當嚴重之負面影響。

第二，許多妓女從良後仍不改其淫蕩本性，與他人暗通款曲，破壞社會
善良風氣。如《北里志・楚兒》條云：

楚兒，字潤娘，素爲三曲之尤，……近以退暮，爲萬年捕賊官郭鍛
所納，置於他所。潤娘在娼中逛（按：應爲狂）逸特甚，及被拘繫，
未能悛心。鍛主繁務，又本居有正室，至潤娘館甚稀。每有舊識過
其所居，多於窗牖間相呼，或使人詢訊，或以巾箋送遺。鍛……每

────────

〔註13〕據林義男譯《社會學》頁350，論及組織化犯罪表面上類似合法商業活動，但
實際上仍有二大差異：（1）其暗地進行非法活動，（2）憑藉非法暴力和威脅，
以控制其組織成員與顧客，衡之以《北里志》中妓館的犯罪行爲，實已接近
此一定義。

知必極笞辱，潤娘雖甚痛憤，已而殊不稍革。

郭鍛生性「兇忍且毒」，楚兒可謂遇人不淑，然其自身行爲，實亦不無可議之處。既知郭鍛善妒，即應守身自愛，她卻反而繼續與昔日狎客往來，豈非自貽其禍？至若俞洛眞者，則猶較楚兒不如：

> 俞洛眞……頃嘗出曲中，值故左揆于公，貴主許納別室，……（于公）從子梲……先通洛眞而納之，月餘不能事，諸媵之間彰其跡，以告貴主，主即出之，亦獲數百金，遂嫁一胥吏，未期年而所有索盡，吏不能給，遂復入曲。

妓女從良，若能就此洗心革面、奉持婦道，亦未嘗不可爲社會所接受。最忌如俞洛眞之流，逢得于琮與廣德公主如此雅於容人之主猶不知足，竟又與于梲私通，大壞于相家門禮法，事遭揭發後再嫁胥吏，又不用心操持家務，只知坐吃山空，最後終不得不重入妓曲賣笑維生。由此可見，雖然一般妓女普遍皆有從良之願望，可是面對從良後之社會適應，若未能經由「內化」（Internalization）〔註14〕過程，使其從自身人格結構上，徹底接受社會對良家婦女之規範與價值觀，則從良後如楚兒、俞洛眞之流者，反易招致社會對妓女更多的誤解與鄙視。

除民妓外，唐代宮妓中甚至有通姦害夫之惡例。據《教坊記》中載，表演雜樂百戲的宮妓裴大娘，嫁給竿木家侯氏後，又與「長入」（按長年在皇帝身旁服務者之專稱）趙解愁私通，三番兩次欲引解愁謀殺侯氏。不過侯氏皆僥倖免死，最後一次遣人以土袋壓殺熟睡中的侯氏。但因所遣之人一念之仁「不壓口鼻」，侯氏遂得以死裏逃生。事爲有司所聞，玄宗知後震怒，令與犯諸人皆杖責一百。宮妓們不知其故，尚誤以爲土袋破綻故侯氏不死，「是以諸女戲相謂曰：『女伴，爾自今後縫壓婿土袋，當加意夾縫縫之，更勿令開綻也。』」由此戲言可見當時宮妓與他人私通之事，恐非僅此一例。通姦害夫已屬不當，但宮妓中更有令人啼笑皆非者則爲「駡妻」：

> 蘇五奴妻張少娘，善歌舞，有邀迓者，五奴輒隨之前。人欲得其速醉，多勸酒，五奴曰：「但多與我錢，喫䭔（按：應爲鎚）子亦醉，不煩酒也。」今呼駡妻者爲「五奴」，自蘇始。

後世至清代民間猶以「喫麵食致醉」爲詈人之辭，〔註15〕足見此一無恥行徑

〔註14〕社會學上所謂「內化」，指的是社會文化標準成爲個人人結構一部份之過程，其詳可參林義男譯《社會學》頁323～324。

〔註15〕參清代翟灝《通俗編》卷二十七〈麵醉〉條，轉引自《教坊記箋訂》頁52。

遺毒之深。

第三，某些有婦之夫宿娼，導致妻子不滿，或者父子兄弟因妓女反目成仇，破壞家庭原有和諧關係，成為社會不安定之潛在威脅。在唐代，蓄妾為禮法所容，一般為人妻者多不反對，主要在於妾屬家中一份子，若是產子亦可為家族綿延後代。狎妓宿娼則不同，為人夫者往往貪求歡樂，而置家中妻兒於不顧，許多正室夫人尤難忍受遭丈夫背棄的心理創傷。如前述〈楊娟傳〉中，帥甲與其夫人即為楊娟之事形同水火。《太平廣記》上另有幾則因丈夫狎妓而致家庭糾紛的故事，雖是引自五代蜀人所著《王氏見聞》者，然因時代接近，亦不妨供吾人作為檢討唐代娼妓問題之參考。如卷二六四〈韓伸〉條云：

> 有韓伸者，渠州人也，善飲博，長於灼龜……或經年忘其家而不歸，多於花柳之間落魄，其妻怒甚，時復自來恥頓，驅趕而同歸。（頁2065～2066）

又有一次韓伸與眾賭徒、飲妓聚會，為其妻潛引女僕跟至，趁其酒酣耳熱之際，「撲滅燈燭」，拈棒亂打，並摸黑抓住一同座客髮髻牽行，待至燭下一看方知實非韓伸，其夫尚躲在飯桌底下不敢出聲。此事遂為蜀人引為笑談。狎冶外間妓女易致夫妻失歡，然若溺於自家家妓，亦非全保無事，如同書卷二七二〈吳宗文〉條云：

> 王蜀吳宗文以功勳繼領名郡，少年富貴，其家姬僕樂妓十餘輩，皆其精選也。其妻妒，每怏怏不愜其志。忽一日，鼓動趨朝，已行數坊，忽報云放朝，遂密戒從者，潛入，遍幸之，至數十輩，遂據腹而卒。（頁2147）

情慾之發洩本有其生理限制，如吳宗文這般，欲求於一時之間享盡人間美色，自不免要自貽其殃。又如同書同卷同頁〈蜀功臣〉條載：

> 蜀有功臣忘其名，其妻妒忌，家蓄妓樂甚多，居長即隔絕之，或宴飲，即使隔簾幕奏樂，某未嘗見也。其妻左右，常令老醜者侍之，某嘗獨處，更無侍者，而居第器服甚盛，後妻病甚，語其夫曰：「我死，若近婢妾，立當取之！」及屬纊，某乃召諸姬，日夜酣飲為樂，有掌衣婢，尤屬意，即幸之，方寢息，忽有聲如霹靂，帷帳皆裂，某因驚成疾而死。

《太平廣記》的編者將吳宗文與蜀功臣之妻，均目以「妒婦」，其實並不恰當。

因在當時缺乏正式社會控制力，可資制衡丈夫的狎妓行爲，爲人妻者不得不起而自衛，執行非正式社會控制之制裁力，以求確保本身權益，實未應以「妒」視之。設若任令其夫狎冶淫蕩、不理家務，又豈是家庭之福？況且女妓對家庭幸福所可能造成之影響，猶未止於破壞夫妻感情，有時甚至會導致父子反目或兄弟鬩牆。如《三水小牘‧卻要》條即載，湖南觀察使李臾家的女奴卻要，生就「美容止、善辭令」，李臾四名「年少狂俠」的兒子，均思一親芳澤，最後在卻要巧施妙計下，方使四兄弟免去一場可能的衝突。而因爭妓以致鑄成家庭人倫慘劇者，亦時有所聞，如：

> （徐康王李元禮之子）茂，險薄無行，初，元禮疾，姬趙有美色，茂逼烝之，元禮切責，茂恚，屏侍衛藥膳，曰：「爲王五十年足矣，何服藥爲？」以不食薨。〔註16〕

另外如許敬宗之子許昂，也因烝犯敬宗侍婢而被敬宗奏請流放嶺外。〔註17〕凡此皆可見出，無論狎民妓或自蓄家妓，都可能樂極生悲，輕則夫妻閨房起勃谿，嚴重則甚至會家破人亡，對整個社會安定之負面影響，實不可謂不大。

第四，人之狎妓多求肆情縱歡，忘形之餘，許多社會犯罪或意外悲劇，亦將隨之而生。此自非全可歸責於女妓者，惟實亦難辭其咎。例如裴度年輕時，即曾因狎遊妓曲，「爲兩軍力人十許輩陵轢，勢甚危窘」，若非胡證及時搭救，受辱恐將難免。〔註18〕又如太僕卿周皓年少時，亦曾爲長安靖恭坊名妓夜來，而與權貴子弟相爭鬥，以致遭官府四出追捕，幸得義士相救方免於難。〔註19〕另外晚唐劉崇龜任嶺南節度使時，更曾智破一樁夜盜殺倡女之離奇命案：

> 廣（州）有大賈，約倡女夜集，而它盜殺女，遺刀去。賈入倡家，踐其血乃覺，乘艑亡。吏跡賈捕劾，得約女狀而不殺也。崇龜方大饗軍中，悉集宰人，至日入，乃遣。陰以遺刀易一雜置之。詰朝，群宰即庖取刀，一人不去，曰：「是非我刀！」問之，得其主名，往視，則亡矣。崇龜取它囚殺之，聲言賈也，陳諸市，亡宰歸，捕詰具伏。〔註20〕

〔註16〕見《新唐書》卷七十九〈高祖諸子‧徐王李元禮傳〉，頁3550。
〔註17〕參《舊唐書》卷八十二〈許敬宗傳〉，頁2764。
〔註18〕事見《唐摭言》卷三〈慈恩寺題名遊賞賦詠雜記〉條，頁30。
〔註19〕事見《酉陽雜俎‧前集》卷十二，頁116～117。
〔註20〕見《新唐書》卷九十〈劉崇龜傳〉，頁3769。此事亦見於《太平廣記》卷一七

此事頗可印證孫棨所謂妓曲為「不測之地」的說法。賈人若非遇劉崇龜詳審
明辨，得以還其清白，換成魯莽官員，恐怕就要成為刀下冤魂。

　　另一類悲劇是因狎妓求歡、得意忘形所致。例如晚唐宰相夏侯孜即曾因
狎一營妓，「不能奉承」，終至「尾閭之洩」，脫精而亡。〔註21〕而最著稱的狎
妓意外悲劇，當屬玄宗開元年間的曲江覆舟事件：

> 隴西李揣雲，……性誕率輕肆，好縱酒聚飲……明年上巳，與李蒙、
> 裴士南、梁褒等十餘人，泛舟曲江中，盛選長安名倡，大縱歌妓，
> 酒正酣，舟覆，盡皆溺死。〔註22〕

此事之訛傳頗多，一說是開元五年及第進士三十人同船溺斃者，不過缺乏實
據。〔註23〕嚴格說來，此次覆船悲劇，不能全部怪罪女妓，〔註24〕李揣雲等

　　　　二〈劉崇龜〉條，頁 1269～1270，注引自《玉堂閒話》，《新唐書》所述應亦
　　　　取材於此，然廣記所敘事由及破案經過較詳，全案偵辦過程宛若唐代懸疑推
　　　　理小說，實屬當時難得之社會犯罪史料，宜參之。
〔註21〕事見《北夢瑣言》卷十一，頁 87。
〔註22〕見《太平廣記》卷二七九〈李揣雲〉條，頁 2218～2219，注引自《廣異記》，
　　　　揣一作稍。
〔註23〕據此說者有《朝野僉載》與《獨異志》，其記載幾乎完全一致，姑錄其要如下：
　　　　「開元五年春，司天奏玄象有眚見，其災甚重。玄宗震驚，問曰：『何祥？』
　　　　對曰：『當有名士三十人同日冤死，今新及第進士正應其數。』其年及第李蒙
　　　　者，……聞之（按：指曲江舟遊妓樂聲），乃踰垣走赴，群眾悵望。方登舟移
　　　　就池中，暴風忽起，畫舸平沉，聲妓、篙工不知紀極，三十進士無一生者。」
　　　　此中頗多可疑之處：第一，據《登科記考》卷五頁 187 載，開元五年（西元
　　　　717 年）及第進士總數為廿五非三十，《文獻通考》卷二十九〈選舉考三〉（頁
　　　　277 欄下）所記亦同，此處言該年及第進士三十人，不知所據為何？其次，據
　　　　《登科記考》卷五頁 167 載，李蒙為開元元年（西元 713 年）及第進士，五
　　　　年時乃登博學鴻詞制科，非於其年進士及第也。第三，所謂「三十進士無一
　　　　生者」，其實不確，因據出土之〈唐故右威衛兵曹參軍王府君墓誌銘・序〉中
　　　　言，開元五年進士及第之王泠然，及第後未即登，又於開元九年應制舉拔
　　　　粹科，後授東宮校書郎，再任右威衛兵曹參軍，卒於開元十二年（西元 724
　　　　年）十二月（其詳請參傅璇琮先生於《唐才子傳校箋》第一冊卷一〈王泠然〉
　　　　條頁 180～185 所作之考證），證明當時登舟進士並未全數溺斃。可見此說未
　　　　可全信，故本文不予採用。
〔註24〕據《登科記考》卷五頁 188 引《定命錄》云當時慘劇發生之情況為：「李蒙宏
　　　　詞及第，注華陰縣尉。授官相賀，於曲江舟上宴會諸公，令李蒙作序。日晚
　　　　序成，史翯先起，於蒙手取序看，裴士南等十餘人又爭起看序。其船偏，遂
　　　　覆沒，李蒙、士南等並被沒溺而死。」然而未言及李揣雲其人，按揣雲與史
　　　　翯、裴士南等均非李蒙同年，頗疑曲江覆船慘劇曾發生多起，而以李蒙遇難
　　　　這次最為著稱，故筆記家將非此次船難者，一併穿鑿附會記入，導致如許多

人的忘情放誕實有以致之。但在妓樂喧天、酒酣耳熱之際而罹此禍，可謂女妓不殺名士而名士因女妓而死矣！

以上所論，皆爲女妓對唐代社會之負面影響。然則女妓之所以能長期存在，且歷久不衰，是否亦有其相當之社會基礎爲之支撐？若是純從提供唐人風流情調與婚姻外性生活之補充，以論妓之存在意義，恐尚稍嫌不足。至少，從社會學的角度來看，學者不乏有同意妓業之存在，實有其能吸引部份人口從事此業之誘因，〔註25〕社會之視娼妓爲「賤業」，所鄙視者乃其身份與工作內容，而非其收入與物質生活。因妓女在道德人品上，長期受人輕視，故欲吸引一般婦女從娼，除有特殊之政治原因不得不爲之者外，通常最簡單快速之手段，即提高女妓之工作收入，使其免於勤苦勞動，而能獲致遠高於普通婦女之所得。至於娼妓之收入必須高到如何程度，方可彌補其精神道德上之損失，自然難有定議。不過吾人可自以下二首描述唐代農村貧婦心聲的詩作中，略知唐代妓女收入在當時爲人欣羨之一斑：

> 歎息復歎息，園中有棗行人食，貧家女爲富家織，翁母隔牆不得力，水寒手澀絲脆斷，續來續去心腸爛，草蟲促促機下啼，兩日催成一匹半，輸官上頂有零落，姑未得衣身不著，當窗卻羨青樓娼，十指不動衣盈箱。〔註26〕

> 亂蓬爲鬢布爲巾，曉蹋寒山自負薪，一種錢唐江畔女，著紅騎馬是何人？〔註27〕

此二詩所透露之社會心理學意義，顯露出人們對妓女的矛盾情結，一方面鄙夷其身份與工作內容，然而對其高收入之優裕生活又極其豔羨。雖然吾人無法統計出唐妓中志願從娼者之比例，但如《北里志》中俞洛眞、王福娘等二度爲妓之例可知，對不堪生活貧苦之婦女而言，妓業確有其吸引力，至少可助其暫解燃眉之急。又因當時狎妓之人，多屬經濟能力較佳之中上階層，若從接近貧富差距之觀點而言，妓業似亦非無「以富濟貧」之社會意義。

再就行業結構來觀察，因從事此業之妓女與相關行業之人口眾多，長期下來其自成一綿密之產業共同體。若驟然迫令改業，往往涉及生計問題，在

之訛誤。

〔註25〕參瞿海源〈色情與娼妓問題〉文，頁527～529。

〔註26〕王建〈當窗織〉，見《全唐詩》卷二九八，頁3380。

〔註27〕白居易〈代賣薪女贈諸妓〉，見《全唐詩》卷四四三，頁4962。

缺乏適當管道輔導下，一旦解除此行業結構，短期內難爲社會全數吸收，欲使之變恐得付出更大之社會成本，在任何時代均未必值得。〔註28〕就唐代情形而言，假若禁絕娼妓，至少有部份行業將會受到波及。首先是聚居在妓館附近，隨時等候妓筵招呼的樂工琴師，其次妓女出門常有車輿，因此舁夫等交通業者亦將不免受影響，再如爲妓筵準備美酒佳餚之飲食業者也會受影響。最嚴重的，當是以女妓爲主顧之高級服裝、飾品與化妝品業者。例如〈霍小玉傳〉中述小玉之衣飾稱其「繡帷之中……著石榴裙，紫襠襦，紅綠帔子，斜身倚帷，手引繡帶。」，又如羅虯〈比紅兒詩〉中，述紅兒服飾有「青絲高綰石榴裙」、「薄羅輕剪越溪紗」之句，紅石榴裙、紫色襠襦與輕薄羅紗等，均爲奢侈之高貴服裝，除上層婦女外，大概只有娼妓堪爲如此高額消費。〔註29〕在化妝方面，女妓亦常極盡奢華之能事，如「周光祿諸妓，掠鬢用鬱金油，傅面用龍消粉，染衣以沉香水」。〔註30〕又如長安名妓楚蓮香者，「國色（一作香）無及，時貴門子弟爭相詣之，蓮香每出處之間，則蜂蝶相隨，蓋慕其香也」。〔註31〕而其所用之高級產品，自有其特殊產業依此維生者，在本書第二章第二節中，曾論及長安女妓營業處所多環市集而立，其他城市之妓館亦多集中於商業繁華之區，除爲利於招徠狎客外，另一原因即可能爲求採購高級服飾與化妝品的方便性有關。因此總結來說，在唐代伴隨妓女營生之行業，至少就有樂工琴師、舁夫、飲食業者、高級服裝飾品與化妝品之製造與販售者，堪稱爲當時城市中之獨特行業結構體。假若計入宮妓與各地方官妓、家妓與民妓之整體需求，則此行業結構自中央至地方，實已與當時之社會經濟，形成盤根錯節之複雜關係，至少在提供相關行業從業人員就業機會這一點上，女妓對唐代社會經濟也算是不無貢獻。

　　另一項妓女所具有之正面功能是，因可自妓女處獲致色慾滿足，故可能減低男性引誘良家婦女或女性紅杏出牆之機會，有助維持家庭穩定與降低性犯罪。某些社會學家也同意，認爲這是古代社會之所以容忍娼妓制度存在的

〔註28〕清代趙翼在《簷曝雜記》卷四〈廣東蜑船〉條中即論及其反對查禁廣州船戶賣淫之事曰：「此風由來已久，每船恃以衣食，一旦絕其生計，令其七八萬人，何以得食？」唐代雖未見相似記載，但禁絕娼妓勢必影響許多人生計，應是不容否認之事實。

〔註29〕有關唐代娼妓之服飾，其詳可參蔡壽美碩士論文〈唐人婦女服飾〉，頁126～130。

〔註30〕見《雲仙雜記》卷一〈金鳳凰〉條，頁21～22。

〔註31〕見《開元天寶遺事・蜂蝶相隨》條。

主要理由之一。﹝註 32﹞在《北夢瑣言》卷四中，記有數則晚唐時社會性犯罪之實錄，正足以輔助說明唐妓存在之正面意義：

> 浙西周寶侍中博陵崔夫人，乃乾符中時相之姊妹也。少為女道士，或云寡而冠帔，自幽獨焉。大貂素以豪俠聞，知崔有容色，乃踰垣而竊之，宗族亦莫知其存沒，爾後周除浙右，其內亦至國號，乃具車馬，偕歸崔門，曰：「昔者官職卑下，未敢先言，此際叨塵，亦不相辱。」相國不得已而容之。

> 徐仙姑居南嶽魏夫人壇，群僧調之，乃自顛仆，此乃修道而靈官所衛也已。

> 末山尼開堂說法，禪師鄧隱峰，有道者也，試其所守，中夜夾刃入禪堂，欲行強暴，尼憚死失志。隱峰取去衵服，集眾僧以曉之，其徒立散。

> 王蜀先主部將張勍暴橫，鞭人之胸。典眉州，有一少尼，姿容明悟，講《無量壽經》，張欲逼辱，以死拒之，不肯破戒，因而詬罵，張乃折其齒，與其父同沉於蟆頤津也。

在列舉四個案例後，作者孫光憲評論道：

> 崔氏女、末山尼以畏懦而苟全，徐仙姑用道力而止暴，講經尼以守戒而殉命，是知女子修道，亦似一段障難，而況冶容誨淫者哉！孫棨舍人著《北里志》，敘朝賢子弟平康狎遊之事，其旨似言盧相攜之室女，失身於外甥鄭氏子，遂以妻之，殺家人而滅口，是知平康之遊，亦何傷於年少之流哉？

孫氏此論，可說是唐人首次自人類情慾觀點，來正面肯定平康狎妓之行。其所舉例多是在尼庵道觀修行之女尼與女冠，尚且不免遭受性侵犯，又何況是一般社會上之良家婦女？尤其對血氣方剛之少年男子而言，若無適當抒解性需要之發洩途徑，自難保不覬覦易於接近之良家婦女，對社會安定構成莫大威脅。因此，只要不淫逸過度，妓女在紓緩社會性壓力及預防性犯罪方面，應有其正面功能，值得肯定。

﹝註 32﹞如楊美惠譯〈娼妓問題〉頁 262 引李克翌（Lecky）《歐洲道德史》書中論點，也認為娼妓確有安頓民俗、保護良家婦女的功用。

附　錄

《全唐詩》中與倡（娟）、妓相關史料

說明：（1）本附錄共分三部份，附錄一爲「詩題中有倡（娟）、妓字者」，附
　　　　錄二爲「詩句中有倡（娟）、妓字者」，附錄三爲「唐妓所作詩歌」。
　　　（2）所用《全唐詩》版本爲北京中華書局之點校本，共分二十五冊平
　　　　裝，內含日人上毛河世寧所纂集《全唐詩逸》三卷。
　　　（3）附錄二之內容若已出現於附錄一者，依舊列出，備供參考之用。

附錄一：詩題有倡（娼）、妓字者

詩　　　題	作　　者	冊／卷／頁
1. 銅雀妓二首	王　勃	1/19/219 又 3/56/678
2. 銅雀妓二首	朱光弼	1/19/221
3. 蘇小小歌	李　賀	2/29/422
4. 蘇小小歌	溫庭筠	2/29/422
5. 蘇小小歌（共三首）	張　祜	2/29/422
6. 益州城西張超亭觀妓	王　績 （一作盧照鄰詩， 一作王勣詩）	2/37/486 又 22/769/8728
7. 詠妓	王　績 （一作王勣詩）	2/37/486 又 22/769/8728
8. 辛司法宅觀妓	王　績 （一作王勣詩）	2/37/486 又 22/769/8728
9. 賦得妓	陳子良	2/39/497
10. 酬蕭侍中春園聽妓	陳子良 （一作李元操詩）	2/39/497
11. 辛法司（一作司法）宅觀妓	盧照鄰	2/42/524
12. 益州城西張超亭觀妓	盧照鄰	2/42/525
13. 和崔司空傷姬人	楊　炯	2/50/615
14. 廣州朱長史座觀妓	宋之問	2/53/658
15. 倡婦行	李　嶠	3/61/725

16. 綠珠篇	喬知之	3/81/875
17. 倡女行	喬知之	3/81/876
18. 銅雀妓	喬知之	3/81/877
19. 溫泉馮劉二監客舍觀妓	張　說	3/88/971
20. 傷妓人董氏四首	張　說	3/89/980
21. 銅雀妓	王　適	3/94/1015
22. 李員外秦援宅觀妓	沈佺期	4/97/1048
23. 銅雀妓	鄭　愔	4/106/1106
24. 銅雀妓	袁　暉	4/111/1139
25. 銅雀妓	李　邕	4/115/1168
26. 贈元載歌妓	楊　炎	4/121/1213
27. 歧王席觀妓（一作盧女曲）	崔　顥	4/130/1327
28. 送山陰姚丞攜妓之任兼寄蘇少府	李　頎	4/133/1357
29. 夜觀妓	儲光義	4/139/1413
30. 五日觀妓	萬　楚	4/145/1468
31. 過李將軍南鄭林園觀妓	劉長卿	5/147/1496
32. 陪辛大夫西亭宴觀妓	劉長卿	5/148/1507
33. 揚州雨中張十宅觀妓	劉長卿 （一作張謂詩）	5/148/1512
34. 崔明府宅夜觀妓	孟浩然	5/160/1642
35. 宴崔明府宅夜觀妓	孟浩然	5/160/1661
36. 送姪良攜二妓赴會稽戲有此贈	李　白	5/176/1797
37. 秋獵孟諸夜歸置酒單父東樓觀妓	李　白	5/179/1823
38. 攜妓登梁王棲霞山孟氏桃園中	李　白	5/179/1824
39. 邯鄲南亭觀妓	李　白	5/179/1825
40. 在水軍宴韋司馬樓船觀妓	李　白	5/179/1829
41. 出妓金陵子呈盧六四首	李　白	6/184/1885
42. 銅雀妓	高　適	6/211/2189
43. 觀公孫大娘弟子舞劍器行	杜　甫	7/222/2356
44. 陪諸貴公子丈八溝攜妓納涼晚際 遇雨二首	杜　甫	7/224/2400
45. 數陪李梓州泛江有女樂在諸舫戲 爲豔曲二首贈李	杜　甫	7/227/2462
46. 贈薛瑤英（按：薛乃元載姬人）	賈　至	7/235/2597

47. 送山陰姚丞攜妓之任兼寄山陰蘇少府	韓　翃	8/243/2728
48. 寄柳氏	韓　翃	8/245/2759
49. 銅雀妓	劉方平	8/251/2837
50. 擬娼樓節怨	劉方平	8/251/2839
51. 聽樂悵然自述（一作病中遣妓）	韓　滉（一作司空曙詩）	8/262/2909
52. 王郎中妓席五詠（共有箜篌、舞、歌、箏、笙等五首）	顧　況	8/267/2968
53. 送零陵妓（一作送妓赴于公召）	戎　昱	8/270/3022
54. 悼妓東東	竇　鞏	8/271/3054
55. 送妓人出家	楊郇伯	9/272/3061
56. 病中嫁女妓	司空曙	9/292/3324
57. 觀妓	司空曙	9/293/3328
58. 代故人新姬侍疾	王　建	9/297/3372
59. 寄蜀中薛濤校書（胡詩題作贈薛濤）	王　建（一作胡曾詩）	9/301/3434 又 19/647/7438
60. 觀蠻妓	王　建	9/301/3434
61. 宮詞一百首	王　建	10/302/3439
62. 銅雀妓	劉　商	10/303/3447
63. 綠珠怨	劉　商	10/304/3457
64. 白沙宿竇常宅觀妓	劉　商	10/304/3462
65. 贈營妓	崔　瓘	10/311/3515
66. 章仇公席上詠眞珠姬	范元凱	10/311/3516
67. 觀翟玉妓	李　愿	10/314/3535
68. 銅雀妓	朱　放	10/315/3541
69. 四川使宅有韋令公時孔雀存焉暇日與諸公同玩座中兼故府賓妓興嗟久之因賦此詩用廣其意	武元衡	10/316/3550
70. 彭州蕭使君出妓夜宴見送	羊士諤	10/332/3710
71. 觀支人入道二首	楊巨源	10/333/3738
72. 宮詞三十首	王　涯	11/346/3877
73. 銅雀妓	歐陽詹	11/349/3901
74. 初發太原途中寄太原所思	歐陽詹	11/349/3903

75. 泰娘歌	劉禹錫	11/356/3996
76. 傷秦姝行（按秦姝乃房開士妓也）	劉禹錫	11/356/4002
77. 憶春草（原注：春草，樂天舞妓名）	劉禹錫	11/356/4003
78. 夔州竇員外使君見示悼妓詩顧余嘗識之因命同作	劉禹錫	11/359/4056
79. 竇夔州見寄寒食日憶故姬小紅吹笙因和之	劉禹錫	11/359/4056
80. 白舍人自杭州寄新詩有柳色春藏蘇小家之句因而戲酬兼寄浙東元相公	劉禹錫	11/360/4060
81. 和楊師皋給事傷小姬英英	劉禹錫	11/360/4066
82. 和樂天題真娘墓	劉禹錫	11/360/4067
83. 懷妓（共四首）	劉禹錫	11/361/4081
84. 贈李司空妓	劉禹錫	11/365/4121
85. 和西川李尚書傷孔雀及薛濤之什	劉禹錫	11/365/4121
86. 寄贈小樊	劉禹錫	11/365/4122
87. 燕子樓詩三首	張仲素 （一作關盼盼詩）	11/367/4139
88. 倡女詞	張　籍	12/386/4359
89. 聽蕭君姬人彈琴	盧　仝	12/389/4389
90. 蘇小小墓（一作歌）	李　賀	12/390/4396
91. 追和何謝銅雀妓	李　賀	12/392/4412
92. 花遊曲（原序：寒食日，諸王妓遊，賀入座，因採梁簡文詩調，賦花遊曲，與妓彈唱）	李　賀	12/392/4418
93. 許公子鄭姬歌	李　賀	12/393/4435
94. 重贈（原注：樂人商玲瓏能歌，歌予數十詩）	元　積	12/417/4598
95. 和樂天示楊瓊（原注：楊瓊本名播，少爲紅陵酒妓）	元　積	12/422/4639
96. 寄舊詩與薛濤因成長句	元　積	12/422/4641
97. 寄贈薛濤	元　積	12/423/4651
98. 贈劉採春	元　積	12/423/4651
99. 崔徽歌（原注：崔徽，河中府倡也）	元　積	12/423/4652

100. 李娃行（僅存二句）	元　稹	12/423/4652
101. 琵琶行并序	白居易	13/435/4821
102. 醉歌（原注：示伎人商玲瓏）	白居易	13/435/4823
103. 感故張僕射諸妓	白居易	13/436/4834
104. 微之到通州日授館未安見塵壁間有數行字讀之即僕舊詩其落句云淥水紅蓮一朵開千花百草無顏色然不知題者何人也微之吟歎不足因綴一章兼錄僕詩本同寄省其詩乃十五年前初及第時贈長安妓人阿軟絕句緬思往事杳若夢中懷舊感今因酬長句	白居易	13/438/4868
105. 燕子樓詩三首并序	白居易	13/438/4869
106. 聽崔七妓人箏	白居易	13/438/4876
107. 醉後題李馬二妓	白居易	13/438/4876
108. 盧侍御小妓乞詩座上留贈	白居易	13/438/4876
109. 醉中戲贈鄭使君（原注：時使君先歸，留妓樂重飲）	白居易	13/439/4892
110. 代謝好妓答崔員外（原注：謝好，妓也）	白居易	13/442/4947
111. 寄李蘇州兼示楊瓊	白居易	13/442/4948
112. 清明日觀妓舞聽客詩	白居易	13/443/4958
113. 代賣薪女贈諸妓	白居易	13/443/4962
114. 湖上醉中代諸妓寄嚴郎中	白居易	13/443/4965
115. 問楊瓊	白居易	13/444/4976
116. 九日代羅樊二妓招舒著作	白居易	13/444/4980
117. 醉戲諸妓	白居易	13/446/5005
118. 聞歌妓唱嚴郎中詩因以絕句寄之	白居易	13/446/5006
119. 柘枝妓	白居易	13/446/5006
120. 代諸妓贈送周判官	白居易	13/447/5021
121. 武丘寺路宴留別諸妓	白居易	13/447/5034
122. 聽琵琶妓彈略略	白居易	13/447/5035
123. 和劉郎中傷鄂姬	白居易	13/448/5044
124. 和楊師皋傷小姬英英	白居易	14/449/5071

125. 諭妓	白居易	14/451/5104
126. 山遊示小妓	白居易	14/452/5112
127. 池上送考功崔郎中兼別房竇二妓	白居易	14/454/5140
128. 同諸客嘲雪中馬上妓	白居易	14/454/5142
129. 與牛家妓樂雨後合宴	白居易	14/457/5191
130. 不能忘情吟并序	白居易	14/461/5250
131. 贈薛濤	白居易	14/462/5254
132. 吹笙內人出家	白居易	14/462/5256
133. 觀繩伎	劉言史	14/468/5323
134. 贈陳長使妓（原注：本內宮人）	劉言史	14/468/5329
135. 傷故人歌妓	長孫佐輔	14/469/5333
136. 詠歐陽行周事并序	孟 簡	14/473/5369
137. 遇湖州妓宋態宜二首	李 涉	14/477/5433
138. 解內人嘲（一作酬宮人）	陸 暢	14/478/5442
139. 贈廣陵妓	張又新	14/479/5452
140. 眞娘墓（原注：吳之妓人，歌舞有名者）	李 紳	15/482/5484
141. 過小妓英英墓	楊虞卿	15/484/5498
142. 賀筵占贈營妓	楊汝士	15/484/5500
143. 贈柳氏妓	鄭還古	15/491/5556
144. 潭州席上贈舞柘枝妓	殷堯藩	15/492/5577
145. 虎丘山眞娘墓	沈亞之	15/493/5578
146. 妓人殘妝詞	施肩吾	15/494/5597
147. 觀舞女（一作妓）	施肩吾	15/494/5600
148. 楊給事師皋哭亡愛姬英英竊聞詩人多賦因而繼和	姚 合	15/502/5711
149. 悼妓	崔 涯	15/505/5741
150. 銅雀妓	顧非熊	15/509/5783
151. 題蘇小小墓	張 祜	15/510/5803
152. 題眞娘墓	張 祜	15/510/5804
153. 周員外席上觀柘枝（一作周員外出雙舞柘枝妓）	張 祜	15/511/5827

154. 感王將軍柘枝妓殁	張　祜	15/511/5827
155. 蘇小小歌三首	張　祜	15/511/5834
156. 讀池州杜員外杜秋娘詩	張　祜	15/511/5839
157. 贈內人	張　祜	15/511/5840
158. 送閬州妓人歸老	何　扶	15/516/5900
159. 贈箏妓伍卿	李　遠	15/519/5936
160. 杜秋娘詩并序	杜　牧	16/520/5938
161. 張好好詩并序	杜　牧	16/520/5940
162. 池州李使君殁後十一日處州新命始到後見歸妓感而成詩	杜　牧	16/522/5966
163. 見劉秀才與池州妓別	杜　牧	16/522/5967
164. 不飲贈官妓	杜　牧	16/522/5970
165. 代吳興妓春初寄薛軍事	杜　牧	16/522/5971
166. 見吳秀才與池妓別因成絕句	杜　牧	16/522/5975
167. 倡樓戲贈	杜　牧	16/524/5990
168. 傷友人悼吹簫妓	杜　牧	16/525/6009
169. 聽歌鷓鴣辭（原序：余過陝州，夜讌將罷，妓人善歌鷓鴣者，詞調清怨，往往在耳，因題是詩）	許　渾	16/534/6097
170. 贈蕭鍊師（原序：鍊師，貞元初，自梨園選爲內妓，善舞柘枝）	許　渾	16/537/6128
171. 重別（原注：時諸妓同餞）	許　渾	16/538/6136
172. 贈歌妓二首	李商隱	16/539/6155
173. 妓席	李商隱	16/539/6159
174. 席上作（原注：予爲桂州從事故府鄭公出家妓，令賦高唐詩，一本題作席上贈人，注云：故桂林榮陽公席上出家妓）	李商隱	16/539/6166
175. 飲席代官妓贈兩從事	李商隱	16/539/6172
176. 宮妓	李商隱	16/539/6181
177. 妓席暗記送同年獨孤雲之武昌	李商隱	16/540/6189
178. 代越公房妓嘲徐公主（一作代公主答）	李商隱	16/540/6201
179. 和人題眞娘墓（原注：眞娘，吳中樂妓）	李商隱	16/541/6230

180. 和鄭愚贈汝陽王孫家箏妓二十韻	李商隱	16/541/6237
181. 病中聞河東公樂營置酒口占寄上	李商隱	16/541/6250
182. 及第後宿平康里	裴思謙（一作平康妓詩）	16/542/6258
183. 贈妓行雲詩	鄭 史	16/542/6260
184. 別青州妓段東美	薛宜僚	16/547/6314
185. 夜宴觀妓	薛 逢	16/548/6325
186. 贈歙州妓	趙 嘏	17/550/6369
187. 眞娘墓	譚 銖	17/557/6465
188. 命妓盛小叢歌餞崔侍御還闕	李 訥	17/563/6536
189. 李尙書命妓歌餞有作奉酬	崔元範	17/563/6536
190. 和李尙書命妓歌餞崔侍御	楊知至	17/563/6536
191. 和李尙書命妓歌餞崔侍御	盧 殷	17/563/6539
192. 和李尙書命妓歌餞崔侍御	盧 鄴	17/566/6553
193. 贈王福娘（一作贈美人，福娘，北里妓也）	崔 澹	17/566/6554
194. 和李尙書命妓餅崔侍御	封彥卿	17/566/6555
195. 王內人琵琶引	李群玉	17/568/6583
196. 和吳中丞悼笙妓	李群玉	17/569/6599
197. 醉後贈馮姬	李群玉	17/569/6601
198. 同鄭相并歌姬小飲戲贈（一作杜丞相悰筵中贈美人）	李群玉	17/569/6602
199. 贈琵琶妓	李群玉	17/570/6612
200. 贈妓人	李群玉	17/570/6612
201. 傷柘枝妓	李群玉	17/570/6613
202. 戲贈姬人	李群玉	17/570/6615
203. 張靜婉採蓮歌（原序：靜婉，羊侃妓也）	溫庭筠	17/575/6697
204. 舞簪歌（原注：李相妓人吹）	溫庭筠	17/575/6698
205. 蘇小小歌	溫庭筠	17/576/6706
206. 觀舞妓	溫庭筠	17/577/6711
207. 和友人悼亡（一作喪歌姬）	溫庭筠	17/578/6722

208. 和友人傷歌姬	溫庭筠	17/578/6726
209. 光風亭夜宴妓有醉毆者	溫庭筠	17/583/6764
210. 光風亭夜宴妓有醉毆者（僅存兩句）	段成式	17/584/6773
211. 代友人悼姬	劉滄	18/586/6800
212. 聞金吾妓唱梁州	李頻	18/587/6813
213. 和李尚書命妓餞崔侍御	高湘	18/597/6908
214. 憤婉詩三首（一作劉禹錫詩，題爲懷妓）	劉損	18/597/6909
215. 柳枝詞詠篙水濺妓衣	裴斐餘	18/597/6912
216. 戲酒妓	馮袞	18/597/6914
217. 綠珠詠	李昌符	18/601/6952
218. 綠珠	汪遵	18/602/6959
219. 妓女	邵謁	18/605/6995
220. 贈妓僎哥	鄭仁表	18/607/7009
221. 贈妓命（筆者按：應爲俞）洛眞	鄭仁表	18/607/7009
222. 李戶曹小妓天得善擊越器以成曲章	方干	19/651/7481
223. 蘇小小墓	羅隱	19/659/7567
224. 姑蘇眞娘墓	羅隱	19/661/7581
225. 偶題（一作嘲鍾陵妓雲英）	羅隱	19/662/7593
226. 比紅兒詩一百首（紅兒，雕陰妓也）	羅虬	19/666/7625
227. 及第後宿平康里詩	鄭合 （一作鄭合敬）	19/667/7636
228. 還俗尼（原注：本是歌妓）	吳融	20/684/7859
229. 姬人養蠶	韋莊	20/700/8043
230. 贈姬人	韋莊	20/700/8045
231. 悼亡姬	韋莊	20/700/8045
232. 悼楊氏妓琴弦	韋莊 （一作朱褒詩）	20/700/8048 又見 21/734/8388
233. 傷灼灼（原注：灼灼，蜀之麗人也）	韋莊	20/700/8049
234. 題妓萊兒壁（一作題北里妓人壁）	趙光遠	21/726/8323

235. 觀鄭州崔郎中諸妓繡樣	胡令能	21/727/8325
236. 贈妓人王福娘	孫棨	21/727/8328
237. 題妓人王福娘牆	孫棨	21/727/8328
238. 題劉泰娘舍	孫棨	21/727/8329
239. 聽妓洞雲歌	布燮	21/732/8374
240. 宮詞百首	和凝	21/735/8393
241. 荊南席上詠胡琴妓二首	王仁裕	21/736/8401
242. 陪華林園試小妓羯鼓	宋齊丘	21/738/8415
243. 書歌妓泥金帶	韓熙載	21/738/8416
244. 毆妓	李建勳	21/739/8421
245. 答蓮花妓	陳陶	21/746/8492
246. 月眞歌（原注：月眞，廣陵妓女）	徐鉉	22/752/8556
247. 江舍人宅筵上有妓唱和州韓舍人歌辭因以寄	徐鉉	22/752/8557
248. 附書與鍾郎中因寄京妓越賓	徐鉉	22/753/8569
249. 贈浙西妓亞仙	徐鉉	22/754/8574
250. 代京妓越賓答徐鉉	鍾謨	22/757/8609
251. 遺歌妓	楊玢	22/760/8633
252. 退宮妓	廖融	22/762/8655
253. 命妓不至	劉兼	22/766/8692
254. 訪飲妓不遇招酒徒不至	劉兼	22/766/8694
255. 贈別營妓卿卿	油蔚	22/768/8719
256. 觀妓	李何	22/769/8730
257. 銅雀妓	吳燭	22/770/8745
258. 戲示諸妓	張保嗣	22/770/8745
259. 銅雀妓	朱光弼	22/778/8805
260. 投曹文姬書（原注：文姬，長安中倡女，工翰墨，時號書仙）	任生	22/783/8844
261. 悼妓詩	京兆韋氏子	22/783/8845
262. 贈妓茂英	洛中舉子	22/784/8852
263. 又贈	洛中舉子	22/784/8852
264. 寄故姬	江陵士子	22/784/8852
265. 姬席與杜牧之同詠	張祜、杜牧	22/792/8916

266. 小小寫眞聯句	段成式、鄭符、張希復	22/792/8921
267. 宮詞百首	花蕊夫人徐（一作費）氏	23/798/8971
268. 贈歌姬	崔仲容	23/801/9011
269. 和趙王觀妓	法　宣	23/808/9112
270. 銅雀妓	皎　然	23/820/9247
271. 題廣陵妓屛二首	呂　巖	24/858/9703
272. 題東都妓館壁	呂　巖	24/858/9703
273. 悼亡姬詩	韋　檢	24/866/9806
274. 妙香詞（原注：唐鄭繼超遇田參軍，贈妓日妙香）	田參軍	24/867/9826
275. 夢揚州樂妓和詩（原序：禹錫於揚州杜鴻漸席上，見二樂妓侑觴，醉吟一絕，後二年，之京，宿邸中，二妓和前詩，執板歌云）	劉禹錫	25/868/9830
276. 嘲妓二首（原注：涯久遊維揚，有詩名，每題詩倡肆，立時傳誦，聲價因之增減，無不畏之）	崔　涯	25/870/9858
277. 嘲李端端（端端，維揚妓也）	崔　涯	25/870/9859
278. 詠崔雲娘	李宣古	25/870/9859
279. 嘲妓（注：牧罷宣州牧，經陝，有酒糾妓肥碩，牧贈此詩）	杜　牧	25/870/9859
280. 嘲鄭儳妓	孫子多	25/870/9864
281. 示妓膀子（原序：嶺南樂營子女席上戲賓客，量情三木，時保胤在幕府掌書記，乃書膀子示諸妓云云）	張保胤	25/870/9868
282. 章臺柳（一做寄柳氏）	韓　翃	25/890/10053
283. 歌妓（僅存二句）	崔　膺	25/詩逸上/10180
284. 贈所思妓女（僅存二句）	賀蘭暹	25/詩逸中/10197
285. 遊仙窟詩十九首	張文成	25/詩逸下/10217

附錄二：詩句中有倡（娼）、妓字者

詩　句	詩　題	作　者	冊／卷／頁
1. 可憐今夜宿倡家，倡家少婦不須嚬。（倡一作娼，嚬一作顰）	臨高臺	王　勃	1/17/174 又 3/55/672
2. 倡樓啓曙扉，園柳正依依。	折楊柳	盧照鄰	1/18/189 又 2/42/523
3. 征人遠相思，倡婦高樓別。	折楊柳	韋承慶	1/18/190 又 2/46/556
4. 倡樓兩岸懸水寒，夜唱竹枝留北客。（倡一作娼）	江南曲（一作江南行）	張　籍	1/19/205 又 12/382/4288
5. 玉座平生晚，金尊妓吹闌。	銅雀臺	鄭　愔	1/19/218
6. 妾本深宮妓，曾城閉九重。	銅雀妓	王　勃	1/19/219
7. 魏王銅雀妓，日暮管弦清。	銅雀妓	朱光弼	1/19/221 又 22/778/8805
8. 秋帳燈花翠，倡樓粉色紅。	櫂歌行	駱賓王	1/20/246 又 3/79/853
9. 碧玉上宮妓，出入千花林。（宮一作官）	碧玉歌	李　暇	1/21/266 又 22/773/8769
10. 玉白蘭芳不相顧，倡樓一笑輕千金。（倡一作青）	懊惱曲	溫庭筠	1/21/266
11. 今已暮，摘蓮花，今渠那必盡倡家。（倡一作娼）	采蓮歸（一作採蓮曲）	王　勃	1/21/279 又 3/55/672
12. 老胡感至德，東來進仙倡。	上雲樂	李　白	1/21/282 又 5/162/1687
13. 朝從博徒飲，暮有倡樓期。	悲哉行	白居易	2/24/313 又 13/424/4664

14. 渾身裝束皆綺羅,蘭蕙相隨喧妓女。	少年行三首之三	李　白	2/24/323 又 5/165/1712
15. 百里報仇夜出城,平明還在倡樓醉。(倡一作娼)	少年行	張　籍	2/24/325 又 12/382/4286
16. 晚來香街經柳市,行過倡市宿桃根。	漢宮少年行	李　益	2/24/327 又 9/282/3213
17. 遨遊攜豔妓,裝束似男兒。	長安少年行十首之五	李　廓	2/24/328 又 14/479/5456
18. 好婦唯相妒,倡樓不醉稀。	長安少年行十首之六	李　廓	2/24/328 又 14/479/5456
19. 蒼頭來去報,飲伴到倡家。	長安少年行十首之九	李　廓	2/24/328 又 14/479/5456
20. 可憐錦瑟箏琵琶,玉臺青酒就君家。	渭城少年行	崔　顥	2/24/329
21. 若箇遊人不競攀,若箇倡家不來折,倡家寶袜蛟龍帔,公子銀鞍千萬騎。(倡一作娼)	行路難	盧照鄰	2/25/342 又 2/41/518
22. 更憶倡家樓,夫婿事封侯。	定情篇	喬知之	2/26/369 又 3/81/875
23. 遊童蘇合帶,倡女蒲葵扇。	春遊樂二首之一(一作春遊曲)	李　端(一作顧況詩)	2/26/371 又 9/284/3234 又 8/264/2932
24. 選妓隨雕輦,徵歌出洞房。	宮中行樂詞八首之二	李　白	2/28/408 又 5/164/1702
25. 軍裝宮妓掃蛾淺,搖搖錦旗夾城暖。	十二月辭之三月	李　賀	2/28/412
26. 紅璧闌珊懸珮璫,歌臺小妓遙相望。	李夫人歌	李　賀	2/29/420 又 12/390/4400
27. 娼婦盤龍金屈膝……共宿娼家桃李蹊,娼家日暮紫羅裙……	長安古意	盧照鄰	2/41/519
28. 影照河陽妓,色麗平津閣。	和長孫祕監七夕	任希古	2/44/544
29. 花迎妙妓至,鳥避仙舟發。	龍門旬宴得月字韻	張九齡	2/47/570
30. 暗竹侵山徑,垂楊拂妓樓。	春日鄭協律山亭陪宴餞鄭卿同用樓字	宋之問	2/53/649
31. 河伯憐嬌態,馮夷要妹妓。	傷曹娘二首之二	宋之問	2/53/655

32. 鹿麛衝妓席，鶴子曳童衣。	和韋承慶過義陽公主山池五首之四	杜審言	3/62/733
33. 駐輦天花落，開筵妓樂陳。	閏九月九日幸總持寺登浮圖應制	劉　憲	3/71/780
34. 泳廣漁枚溢，浮深妓舫搖。	恩制尚書省僚宴昆明池用堯字	蘇　頲	3/74/808
35. 香溢金杯環廣坐，聲傳妓舸匝中流。	奉和興慶池戲競渡應制	徐彥伯	3/76/826
36. 倡婦銀鉤采桑路，倡家桃李自芳菲。	帝京篇	駱賓王	3/77/834
37. 香輪寶騎競繁華，可憐今夜宿倡家。	代女道士王靈妃贈道士李榮	駱賓王	3/77/839
38. 此時歌舞入娼家，娼家美女鬱金香。	公子行	劉希夷	3/82/885
39. 樓上看珠妓，車中見玉人。	上元夜效小庾體	陳子昂	3/84/911
40. 舞席千花妓，歌船五彩樓。	晦日詔宴永穆公主亭子賦得流字	張　說	3/87/945
41. 迎賓南澗飲，載妓東城嬉。	酬崔光祿冬日述懷贈答	張　說	3/88/970
42. 謝公兼出處，攜妓玩林泉。	奉酬韋嗣立祭酒偶遊龍門北溪忽懷驪山別業因以言志示弟淑奉呈諸大僚之作	崔泰之	3/91/990
43. 衣冠皆彥秀，羅綺盡名倡。	同光祿弟冬日述懷	崔泰之	3/91/991
44. 秦樓宴喜月裴回，妓筵銀燭滿庭開。	夜宴安樂公主新宅	薛　稷	3/93/1008
45. 可憐窈窕女，不作邯鄲倡。	古意	吳少微	3/94/1013
46. 紫巖妝閣透，青嶂妓樓懸。	同李舍人冬日集安樂公主山池	沈佺期	4/97/1046
47. 東鄰美女實名倡，絕代容華無比方。	美女篇	王　琚	4/98/1061
48. 偉哉謝安石，攜妓入東山。	詠史	王　丘	4/111/1136
49. 傳君妓樓好，初落海榴花。	同和詠樓前海石榴二首之一	孫　逖	4/118/1194
50. 身爲平原客，家有邯鄲娼。	濟上四賢詠三首之二：成文學	王　維	4/125/1252

51. 畫樓吹笛妓，金椀酒家胡。	過崔駙馬山池	王　維	4/126/1274
52. 畫鷁移仙妓，金貂列上公。	奉和聖製上已於望春亭觀禊飲應制	王　維	4/127/1285
53. 新詩樂府唱堪愁，御妓應傳鵁鵲樓。	送康洽入京進樂府歌	李　頎	4/133/1351
54. 鳴鞭過酒肆，袨服遊倡門。	長安道	儲光羲	4/139/1418
55. 走馬入紅塵，妓雜歌偏勝。	十五夜觀燈	王　諲	4/145/1471
56. 未奏東山妓，先傾北海尊。	山莊月夜作	蕭穎士	5/154/1598
57. 共惜不成金谷妓，虛令看殺玉車人。	觀蠻童爲伎之作	王　翰	5/156/1605
58. 十里屆賓館，徵聲匝妓筵。	從張丞相遊南紀城獵戲贈裴迪張參軍	孟浩然	5/159/1617
59. 波影搖妓釵，沙光逐人目。	初春漢中漾舟	孟浩然	5/159/1624
60. 當杯已入手，歌妓莫停聲。	春中喜王九相尋（一題作晚春）	孟浩然	5/160/1651
61. 妓堂花映發，書閣柳逶迤。	宴張記室宅	孟浩然	5/160/1661
62. 畫堂觀妙妓，長夜正留賓。	宴崔明府宅夜觀妓	孟浩然	5/160/1662
63. 美酒尊中置千斛，載妓隨波任去留。	江上吟	李　白	5/166/1716
64. 攜妓東土山，悵然悲謝安，我妓今朝如花月，他妓古墳荒草寒。	東山吟	李　白	5/166/1720
65. 嘗高謝太傅，攜妓東山門。	書情題蔡舍人雄	李　白	5/169/1741
66. 興來攜妓恣經過，其若楊花似雪何。	憶舊遊寄譙郡元參軍	李　白	5/172/1770
67. 聞君攜伎訪情人，應爲尚書不顧身。	寄韋南陵冰余江上乘興訪之遇尋顏尚書笑有此贈	李　白	5/172/1771
68. 攜妓東山去，春光半道催。	送姪良攜二妓赴會稽戲有此贈	李　白	5/176/1797
69. 君攜東山妓，我詠北門詩。	宣城送劉副使入秦	李　白	5/177/1810
70. 謝公自有東山妓，金屏笑坐如花人。	攜妓登梁王棲霞山孟氏桃園中	李　白	5/179/1824
71. 對舞青樓妓，雙鬟白玉童。	在水軍宴韋司馬樓船觀妓	李　白	5/179/1829
72. 我今攜謝妓，長嘯絕人群。	憶東二首之二	李　白	6/182/1859

73.	謝公正要東山妓，攜手林泉處處行。	示金陵子	李　白	6/184/1885
74.	安石東山三十春，傲然攜妓出風塵。	出妓金陵子呈盧六四首之一	李　白	6/184/1885
75.	南園新豐酒，東山小妓歌。	出妓金陵子呈盧六四首之二	李　白	6/184/1886
76.	小妓金陵歌楚聲，家僮丹砂學鳳鳴。	出妓金陵子呈盧六四首之四	李　白	6/184/1886
77.	青春猶未嫁，紅粉舊來娼。	烏江女	屈同仙（一作屈同）	6/203/2123
78.	內人（原注：宜春院女妓謂之內人）紅袖泣，王子白衣行。	奉送郭中丞兼太僕卿充隴右節度使三十韻	杜　甫	7/225/2406
79.	杳杳東山攜漢妓（一作攜妓法），泠泠修竹待王歸。	戲作寄上漢中王二首之二	杜　甫	7/227/2467
80.	座從歌妓密，樂任主人為。	宴戎州楊使君東樓	杜　甫	7/229/2488
81.	向竹過賓館，尋山到妓堂。	奉陪郭常侍宴滻川山池	錢　起	8/238/2654
82.	夜月仍攜妓，清風更在林。	春夜宴任六昆季宅	錢　起	8/238/2659
83.	詞人載筆至，仙妓出花迎。	陪郭常侍令公東亭宴集	錢　起	8/238/2664
84.	觀妓將軍第，題詩關尹樓。	寄贈虢州張參軍	韓　翃	8/245/2756
85.	安石重攜妓，子房空謝病。	金陵酬李翰林謫仙子	魏　萬	8/261/2905
86.	佳人玉立生此方，家住邯鄲不是倡。	宜城放琴客歌	顧　況	8/265/2946
87.	賜歡徵妓樂，陪醉問公卿。	雪謗後書事寄皇甫大夫	盧　綸	9/278/3157
88.	夷陵已遠半成燒，漢上游倡始濯衣。	荊門歌送兄赴夔州	李　端	9/284/3241
89.	詞人留上客，妓女出中閨。	殷卿宅夜宴	張南史	9/296/3358
90.	妓妾隨他人，家事幸獲存。	寄崔列中丞	王　建	9/297/3369
91.	當窗卻羨青樓倡，十指不動衣盈箱。	當窗織	王　建	9/298/3380
92.	千群白刃兵迎節，十對紅妝妓打毬。	送裴相公上太原	王　建	9/300/3419
93.	龍去空仙沼，鸞飛掩妓樓。	和楊弘微春日曲江南望	武元衡	10/317/3565

94. 舊府東山餘妓在，看將歌舞送君歸	重送盧三十一起居	武元衡	10/317/3572
95. 殘芳迷妓女，衰草憶王孫。	石季倫金谷園	李君房	10/319/3601
96. 洞簫日暖移賓榻，垂柳風多掩妓樓。	遊郭駙馬大安山池	羊士諤	10/332/3697
97. 幾醉東山妓，長懸北闕心。	乾元初嚴黃門自京兆少尹貶牧巴郡以長才英氣固多暇日每遊郡之東山山側精舍有盤石細泉疏爲浮杯之勝苔深樹老蒼然遺躅士諤謬因出守得繼茲賞乃賦詩十四韻刻於石壁	羊士諤	10/332/3699
98. 今來強攜妓，醉舞石榴裙。	假日適值澄霽江亭遊宴	羊士諤	10/332/3704
99. 至今猶有東山妓，常使歌詩被管弦。	客有自渠州來說常諫議使君故事悵然成詠	羊士諤	10/332/3710
100. 詠碎龍山歸山號，馬奔流電妓奔車。	奉和嚴司空重陽日同崔常侍崔郎及諸公登龍山落帽臺佳宴	令狐楚（一作元稹）	10/334/3746 又 12/413/4574
101. 憶昨雨多泥又深，猶能攜妓遠過尋。	雪中訝諸公不相訪	裴　度	10/335/3757
102. 設官置衛鎖嬪妓，供養朝夕象平居。	豐陵行	韓　愈	10/339/3796
103. 風流峴首客，花豔大堤倡。	送李尚書赴襄陽八韻得長字	韓　愈	10/344/3853
104. 相看醉舞倡樓月，不覺隋家陵樹秋。	廣陵秋夜對月即事	陳　羽	11/348/3895
105. 妓席拂雲鬢，賓階廬珠履。	令狐相公見示贈竹二十韻仍命繼和	劉禹錫	11/355/3986
106. 探丸害公吏，抽刃妒名倡。	武夫詞	劉禹錫	11/355/3993
107. 垂鉤釣得王餘魚，踏芳共登蘇小基。	送裴處士應制舉詩	劉禹錫	11/356/3999
108. 其奈錢塘蘇小小，憶君淚點石榴帬。（原注：白君有妓，近自洛歸錢塘）	樂天寄憶舊遊因作報白君以答	劉禹錫	11/356/4003
109. 淒涼蜀故妓，來舞魏宮前。	蜀先主廟	劉禹錫	11/357/4016

110. 夭桃定相笑，遊妓肯回看。	詠庭梅寄人	劉禹錫	11/357/4021
111. 已臂鷹隨馬，連催妓上車。	同樂天和微之深春二十首之十二	劉禹錫	11/357/4027
112. 壽觴每使曾孫獻，勝境長攜眾妓行。	贈致仕滕庶子先輩	劉禹錫	11/359/4056
113. 前年曾見兩鬟時，今日驚吟悼妓詩。	夔州竇員使君見示悼妓詩顧余賞識之因命同作	劉禹錫	11/359/4056
114. 女妓還聞名小小，使君誰許喚卿卿。	白舍人自杭州寄新詩有柳色春藏蘇小家之句因而戲酬兼寄浙東元相公	劉禹錫	11/360/4060
115. 燈前妓樂留賓宴，雪後山河出獵看。	令狐相公自太原累示新詩因以酬寄	劉禹錫	11/360/4070
116. 波上神仙妓，岸旁桃李蹊。	三月三日與樂天及河南李尹奉陪裴令公泛洛禊飲各賦十二韻	劉禹錫	11/362/4092
117. 何處人間似仙境，春山攜妓採茶時。	洛中送韓七中丞之吳興口號五首之五	劉禹錫	11/365/4114
118. 夜入眞珠室，朝遊玳瑁宮。（眞珠者，牛僧孺之愛姬也）	無題之句	皇甫松	11/369/4155
119. 妓嬋娟，不長妍。	嬋娟篇	孟　郊	11/372/4186
120. 妓樂州入戲，使君心寂寥。	寒食書事二首之二	張　籍	12/384/4327
121. 錢塘蘇小小，更值一年秋。	七夕	李　賀	12/390/4394
122. 軍裝宮妓掃蛾淺，搖搖錦旗夾城暖。	河南府試十二月樂詞之三月	李　賀	12/390/4397
123. 泉罇陶宰酒，月眉謝郎妓。	昌谷詩	李　賀	12/392/4423
124. 玉堂調笑金樓子，臺下戲學邯鄲倡……軍裝武妓聲琅璫，誰知花雨夜來過。	榮華樂（一作東洛梁家謠）	李　賀	12/393/4427
125. 漏長送珮承明廬，倡樓嵯峨明日孤。	夜來樂	李　賀	12/394/4439
126. 名倡繡轂車，公子青絲轡。	元和五年予官不了罰俸西歸三月六日至陝府與吳十一兄端公崔二十二院長思愴曩遊因投五十韻	元　稹	12/400/4484

127. 和蠻歌字拗，學妓舞腰輕。	哭女樊四十韻	元　稹	12/404/4514
128. 曲水聞銷日，倡樓醉度旬。	代曲江老人百韻	元　稹	12/405/4517
129. 逃席衝門出，歸倡借馬騎。	酬翰林白學士代書一百韻	元　稹	12/405/4520
130. 華奴歌淅淅，媚子舞卿卿。（原注：軍大夫張生好屬詞，多妓樂，歌者華奴，善歌淅淅鹽，又有舞者媚子，每觥令禁言，張生常令相撓）	答姨兄胡靈之見寄五十韻	元　稹	12/406/4523
131. 鈿車迎妓樂，銀翰屈朋儕。	痁臥聞幕中諸公徵樂會飲因有戲呈三十韻	元　稹	12/406/4527
132. 輕新便妓唱，凝妙入僧禪。	見人詠韓舍人新律詩因有戲贈	元　稹	12/407/4529
133. 伎樂當筵唱，兒童滿巷傳。	酬樂天江樓夜吟稹詩因成三十韻	元　稹	12/408/4535
134. 各攜紅粉伎，俱伴紫垣人。	酬樂天早春閒游西湖頗多野趣恨不得與微之同賞因思在越官重事殷境湖之遊或恐未暇因成十八韻見寄樂天前篇到時適會予亦宴鏡湖南亭因述目前所睹以酬答末章亦示暇誠則勢使之然亦欲粗爲恬養之贈耳	元　稹	12/408/4536
135. 倡樓妝爛爛，農野綠芄芄。	春六十韻	元　稹	12/408/4538
136. 南郡生徒辭絳帳，東山妓樂擁油旌。	奉和滎陽公離筵作	元　稹	12/415/4587
137. 念奴潛伴諸郎宿，須臾覓得又連催。（原注：念奴，天寶中名倡）	連昌宮詞	元　稹	12/419/4612
138. 妝梳伎女上樓謝，止欲歡樂微茫躬。	酬鄭從事四年九月宴望海亭次用舊額	元　稹	12/421/4634
139. 邯鄲進倡女，能唱黃花曲。	續古詩十首之五	白居易	13/425/4672
140. 魏武同銅雀妓，日與歡樂并。	和思歸樂	白居易	13/425/4681
141. 妝閣伎樓何寂靜，柳似舞腰池似鏡。	兩朱閣	白居易	13/427/4701
142. 徵伶皆絕伎，選伎悉名姬。	代書詩一百韻寄微之	白居易	13/436/4824

143. 賓階紛組佩，妓席儼花鈿。	東都冬日會諸同年宴鄭家林亭	白居易	13/436/4826
144. 山當賓閣出，溪繞妓堂迴。	題故曹王宅	白居易	13/436/4828
145. 妓堂賓閣無歸日，野草山花又欲春。	過高將軍墓	白居易	13/436/4837
146. 何處風光最可憐，妓堂階下砌臺前。	宴周皓大夫光福宅	白居易	13/437/4847
147. 曲江春意多，花低差豔妓。	上巳日恩賜曲江宴會即事	白居易	13/437/4848
148. 聞道秋娘猶且在，至今時復問微之。	和元九與呂二同宿話舊感贈	白居易	13/437/4851
149. 親賓盛輝赫，妓樂紛曄煜。	和夢遊春詩一百韻	白居易	13/437/4857
150. 尊罍分聖酒，妓樂借仙倡。	渭村退居寄禮部崔侍郎翰林錢舍人詩一百韻	白居易	13/438/4860
151. 鎖開賓閣曉，梯上妓樓春。	題周皓大夫新亭子二十韻	白居易	13/438/4864
152. 樓闇攢倡婦，堤長簇販夫。	東南行一百韻寄通州元九侍御灃州李十一舍人果州崔二十二使君開州韋大員外庚三十二補闕杜十四拾遺李二十助教員外竇七校書	白居易	13/439/4877
153. 若厭雅吟須俗飲，妓筵勉力爲君鋪。	閒夜詠懷因招周協律劉薛二秀才	白居易	13/443/4954
154. 謝安山下空攜妓，柳惲州邊只賦詩。	候仙亭同諸客醉作	白居易	13/443/4957
155. 回鞭招飲妓，分火送歸人。	飲散夜歸贈諸客	白居易	13/443/4959
156. 夢兒亭古傳名謝，教妓樓新道姓蘇。	餘杭形勝	白居易	13/443/4961
157. 侑食樂懸動，佐懽妓席陳。	郡齋旬假始命宴呈座客示郡寮	白居易	13/444/4967
158. 玲瓏箜篌謝好箏，陳寵觱栗沈平笙。（原注：自玲瓏以下，皆杭之名妓）……李娟張態君莫嫌，亦擬隨宜且教取。（原注：娟、態，蘇妓之名）	霓裳羽衣歌	白居易	13/444/4970

159. 使君雖老頗多思，攜觴領妓處處行。	題靈巖寺	白居易	13/444/4972
160. 花前置酒誰相勸，容坐唱歌滿起舞。（原注：容、滿，皆妓名也）	花前歎	白居易	13/444/4973
161. 莫養瘦馬駒，莫教小妓女……馬肥快行走，妓長能歌舞。	有感三首之二	白居易	13/444/4977
162. 李娟張態一春夢，周五殷三歸夜臺。（原注：娟、態，蘇州妓名）	憶舊遊	白居易	13/444/4981
163. 雖無安石妓，不乏文舉酒。	遊坊口懸泉偶題石上	白居易	13/445/4996
164. 黃菊繁時好客到，碧雲合處佳人來。（原注：謂遣英、蒨二妓與舒君同遊）	舒員外遊香山寺數日不歸兼辱尺書大誇勝事時正值坐衙慮囚之際走筆題長句以贈之	白居易	13/445/4998
165. 逢花當看妓，遇草坐爲茵。	早春西湖閒游悵然興懷憶與微之同賞因思在越官重事殷鏡湖之遊或恐未暇偶成十八韻寄微之	白居易	13/446/5002
166. 綠藤蔭下鋪歌席，紅藕花中泊妓船。	西湖留別	白居易	13/446/5007
167. 薛劉相次埋新壟，沈謝雙飛出故鄉。（原注：劉薛二客、沈謝二妓，皆當時歌酒之侶）	憶杭州梅花因敘舊遊寄蕭協律	白居易	13/446/5013
168. 公門衙退掩，妓席客來鋪。	對酒吟	白居易	13/447/5023
169. 三盞醺醺四體融，妓亭簷下夕陽中。	偶飲	白居易	13/447/5024
170. 光迎舞妓動，寒近醉人銷。	西樓喜雪命宴	白居易	13/447/5025
171. 花邊妓引尋香徑，月僧留宿劍池。	重答劉和州	白居易	13/447/5029
172. 搖曳雙紅旌，娉婷十翠娥。（原注：容、滿、嬋態等十妓從遊也）	夜遊西武丘寺八韻	白居易	13/447/5031
173. 應似朱門歌舞妓，深藏牢閉後房中。	鸚鵡	白居易	13/447/5035
174. 絳焰燈千炷，紅裙妓一行。	山石榴花十二韻	白居易	13/448/5051

175. 嘲妓笑盧胡，佐飲時炮鼈。	和微之春日投簡陽明洞天五十韻	白居易	13/449/5062
176. 馬爲中路鳥，妓作後庭花。	和春深二十首之一	白居易	13/449/5063
177. 飛絮衝毬馬，垂楊拂妓車。	和春深二十首之四	白居易	13/449/5063
178. 何處春深好，春深妓女家。	和春深二十首之二十	白居易	13/449/5065
179. 綠綺窗空分妓女，絳紗帳掩罷笙歌。	聞樂感鄰	白居易	13/449/5072
180. 村妓不辭出，恐君靦然哈。	酬思黯相公見過弊居戲贈	白居易	14/452/5109
181. 何日重聞掃市歌，誰家收得琵琶伎。（原注：師皋醉後善歌掃市詞，又有小妓工琵琶，不知今落何處）	哭師皋	白居易	14/453/5130
182. 觸僧飄氌褐，留妓冒羅裳。	裴常侍以題薔薇架十八韻見示因廣爲三十韻以和之	白居易	14/454/5136
183. 賀賓喜色欺杯酒，醉妓歡聲遏管弦。	喜劉蘇州恩賜金紫遙想賀宴以詩慶之	白居易	14/454/5142
184. 若解多情尋小小，綠楊深處是蘇家。	楊柳枝詞八首之五	白居易	14/454/5148
185. 蘇家小女舊知名，楊柳風前別有情。	楊柳枝詞八首之六	白居易	14/454/5148
186. 何郎小妓歌喉好，嚴老呼爲一串珠。	寄明州于駙馬使君三絕句之三	白居易	14/455/5152
187. 杯觴留客切，妓樂取人寬。	初夏閒吟兼呈韋賓客	白居易	14/455/5153
188. 南山賓客東山妓，此會人間曾有無。	夜宴醉後留獻裴侍中	白居易	14/455/5156
189. 小妓攜桃葉，新聲蹋柳枝。（原序：楊柳枝，洛下新聲也，洛之小妓有善歌者）	楊柳枝二十韻	白居易	14/455/5156
190. 故妓數人憑問訊，新詩兩首情留傳。	送姚杭州赴任因思舊遊二首之二	白居易	14/455/5158
191. 妓房匣鏡滿紅埃，酒庫封瓶生綠笞。	長句呈謝	白居易	14/455/5160
192. 花妬謝家妓，蘭偷荀令香。	奉和裴令公新成午橋莊綠野堂即事	白居易	14/456/5164
193. 一甕香醪新插篘，雙鬟小妓薄能謳。	嘗酒聽歌招客	白居易	14/456/5171

194. 雪夜尋僧舍，春朝列妓筵。	奉酬淮南牛相公思黯見寄二十四韻	白居易	14/456/5173
195. 擬提社酒攜村妓，擅入朱門莫怪無。	令公南莊花柳正盛欲偷一賞先寄二篇之一	白居易	14/456/5177
196. 妓接謝公宴，詩陪荀令題。	三月三日祓禊洛濱	白居易	14/456/5178
197. 蠻旗似火行隨馬，蜀妓如花坐遶身。	寒食日寄楊東川	白居易	14/457/5187
198. 唯有風流謝安石，拂衣攜妓入東山。	題謝公東山障子	白居易	14/457/5190
199. 床煖僧敷坐，樓暗妓卷簾。	書事詠懷	白居易	14/457/5195
200. 院靜留僧宿，樓空放妓歸。	時熟少客因詠所懷	白居易	14/457/5205
201. 觸詠罷來賓閣閉，笙歌散後妓房空。	老病憂獨偶吟所懷	白居易	14/458/5206
202. 主人中夜起，妓燭前羅列。	和思黯居守獨飲偶醉見示六韻時夢得和篇先成頗爲麗絕因添兩韻繼而美之	白居易	14/459/5216
203. 聲妓放鄭衛，裘馬脫輕肥。	對酒閑吟贈同老者	白居易	14/459/5222
204. 寓居同永樂，幽會共平康……名情推阿軌，巧語許秋孃……	江南喜逢蕭九徹因話長安舊遊戲贈五十韻	白居易	14/462/5253
205. 臨街花笑如歌妓，傍竹松聲當管弦。	七老會詩	劉　眞	14/463/5264
206. 盡出嬌娥妓，先觀上將風。	省試吳宮教美人戰	葉季良	14/466/5293
207. 未教游妓折，乍聽早鶯喧。	曲江亭望慈恩寺杏園花發	曹　著	14/466/5299
208. 唯有縣前蘇小小，無人送與紙錢來。	嘉興寒食	徐凝	14/474/5377
209. 綠珠歌舞天下絕，唯與石家生禍胎。	金谷覽古	徐　凝	14/474/5382
210. 泉魚驚綵妓，溪鳥避干旄。	述夢詩四十韻	李德裕	14/475/5391
211. 恨無金谷妓，爲我奏思歸。	峽山亭月夜獨宿對櫻桃有懷伊川別墅	李德裕	14/475/5405
212. 欲知蘇小小，君試到錢塘。	送客遊吳	殷堯藩	15/492/5565
213. 右持妓兮左夫人。	文祝延二闋之二	沈亞之	15/493/5584
214. 染鬢偷嫩無人覺，唯有平康小婦知。	金吾詞	施肩吾	15/494/5600

215.	伎樂州人戲，使君心寂寥。	寒食二首之二	姚　合	15/498/5666
216.	宴賞軍容靜，登臨妓樂隨。	題鳳翔西郭新亭	姚　合	15/4995672
217.	華軒敞碧流，官妓擁諸侯。	陪范宣城北樓夜讌	張　祜	15/510/5806
218.	邀妓思逃席，留賓命倒缸。	投常州從兄中丞	張　祜	15/511/5831
219.	雙鬟笑說樓前鼓，兩仗（一作妓）爭輪好落（一作結）花。	大酺樂二首之二	張　祜	15/511/5838
220.	勝寄幸容溪館宿，龍鐘慚見妓筵開。	酬蕭員外見寄	朱慶餘	15/515/5884
221.	謝公城畔溪驚夢，蘇小門前柳拂頭。	自宣城赴官上京	杜　牧	16/522/5965
222.	嘉賓能嘯詠，宮妓巧妝流。	春末題池州弄水亭	杜　牧	16/522/5965
223.	一聲仙妓唱，千里暮江痕。	奉送中丞姊夫儔自大理卿出鎮江西敘事書懷因成十二韻	杜　牧	16/524/5991
224.	蘇小小墳今在否，紫蘭香徑與招魂。	汴上送李郢之蘇州	李商隱	16/540/6205
225.	南省恩深賓館在，東山事往妓樓空。	贈趙協律晳	李商隱	15/541/6221
226.	古有陽臺夢，今多下蔡倡。	夜思	李商隱	16/541/6248
227.	幾煩命妓浮溪棹，再許論詩注酒杯。	迴於道中寄舒州李鈺相公	趙　嘏	17/549/6359
228.	禁扉猶鎖鑰，宮妓已妝梳。	五月一日紫宸候對時屬禁直穿內而行因書六韻	鄭　畋	17/557/6462
229.	身防潦倒師彭祖，妓擁登臨愧謝公。	題彭祖樓	薛　能	17/559/6485
230.	夜擁軍煙合，春浮妓舸邀。	石堂溪	薛　能	17/560/6494
231.	過客悶開疏妓樂，小兒憨愛□貔貅。	暇日寓懷寄朝中親友	薛　能	17/560/6494
232.	東山妓逐飛花散，北海尊隨逝水空。	哭郴州王使君	李群玉	17/569/6597
233.	玉白蘭芳不相顧，青樓一笑輕千金。（青一作紅，一作倡）	懊惱曲	溫庭筠	17/576/6707
234.	言是邯鄲伎，不見鄴城人。（青一作紅，一作倡）	邯鄲郭公詞	溫庭筠	17/577/6712

235. 妓語細腰轉，馬嘶金面斜。	陳宮詞	溫庭筠	17/577/6713
236. 蘇小風姿迷下蔡，馬卿才調似臨邛。	春暮宴罷寄宋壽先輩	溫庭筠	17/578/6721
237. 蘇小橫塘通桂楫，未應清淺隔牽牛。	七夕	溫庭筠	17/578/6724
238. 繡轂千門妓，金鞍萬戶侯。	過華清宮二十二韻	溫庭筠	17/580/6736
239. 雙瓊京兆博，七鼓邯鄲娼。	鴻臚寺有開元中錫宴堂樓臺池沼雅爲盛絕荒涼遺址僅有存者偶成四十韻	溫庭筠	17/583/6758
240. 謝家青妓邃重關，誰省春風見玉顏。	張郎中宅戲贈二首之二	李郢	18/590/6855
241. 官田贈倡婦，留妾侍舅姑。	怨歌行	曹鄴	18/593/6875
242. 閒愁春日短，沽酒入倡家。	趙城懷古	曹鄴	18/593/6877
243. 黃菊陶潛酒，青山謝公妓。	奉獻致贈裴祕監	皮日休	18/608/7021
244. 鈿雕鏤費深功，舞妓衣邊繡莫窮。	鴛鴦二首之二	皮日休	18/614/7092
245. 繁弦似玉紛紛碎，佳妓如鴻一一驚。	襲美留振文宴龜蒙抱病不赴猥示倡和因次韻酬謝	陸龜蒙	18/626/7196
246. 逆風障燕尋常事，不學人前當妓衣。	簾	陸龜蒙	18/629/7225
247. 蜀妓輕成妙，吳娃狎共纖。	偶書五首之三	司空圖	19/632/7256
248. 處處亭臺只壞牆，軍營人學內人妝。	歌	司空圖	19/6337259
249. 薄命敢辭長滴淚，倡家未必肯留君。	洛中三首之三	司空圖	19/633/7270
250. 但見西陵慘明月，女妓無因更相悅。	銅雀臺	李咸用	19/644/7383
251. 不知攜妓重來日，幾樹鶯啼谷口風。	東山	胡曾	19/647/7424
252. 東鄰舞妓多金翠，笑翦燈花學畫眉。	貧女吟	鄭谷	20/675/7729
253. 清商適向梨園降，妙妓新竹峽雨迴。	錫宴日作	韓偓	20/680/7788
254. 小鐙狹鞦鞘，鞍輕妓細腰。	從獵三首之二	韓偓	20/680/7789

255. 贊獲一聲連朔漠，賀杯環騎舞優倡	邊上看獵贈元戎	韓偓	20/682/7820
256. 高捲絳紗揚氏宅，半垂紅袖薛濤窗	蜀中登第答李搏六韻	裴庭裕	20/688/7908
257. 玉帳英雄攜妓賞，山村鳥雀共民愁	山中對雪有作	杜荀鶴	20/692/7964
258. 薛濤昨夜夢中來，殷勤勸向君邊覓	乞彩歌	韋莊	20/700/8044
259. 別向庭蕪貢吟石，不教宮妓踏成蹊	宴駙馬宅	張蠙	20/702/8079
260. 屏間佩響藏歌妓，幕外刀光立從官	錢塘夜宴留別郡守	張蠙	20/702/8082
261. 含煙散纜佳人惜，落地遺鈿少妓爭	尚書會仙亭詠薔薇翕坐中聯四韻晚歸補綴所聯因成一篇	徐夤	21/711/8185
262. 任有風流兼蘊藉，天生不似鄭都知。（筆者按：都知名舉舉，北里妓也）	席上吟	劉崇魯	21/715/8219
263. 月凝蘭櫂輕風起，妓勸金罍盡醉斟	永州陪鄭太守登舟夜宴席上各賦詩	蔣肱	21/727/8326
264. 秦家卷衣貴，本是倡家子	續古二十九首之二十二	陳陶	21/746/8486
265. 願陪妓女爭調樂，欲賞賓朋預課詩	柴司徒宅牡丹	李中	21/748/8519
266. 南省郎官名籍籍，東鄰妓女字英英	正初答鍾郎中見招	徐鉉	22/752/8557
267. 憑郎暫駐青驄馬，此是錢塘小小家	柳枝詞十二首之三	徐鉉	22/752/8564
268. 職業未妨談笑間，有時邀賓復攜妓	亞元舍人不替深知猥貽佳作三篇清絕不敢輕酬因為長歌聊以為報未竟復得子喬校書示問故兼寄陳君庶資一笑耳	徐鉉	22/753/8569
269. 東山妓樂供閑步，北牖風涼足宴眠	奉和宮傅相公懷舊見寄四十韻	徐鉉	22/756/8599
270. 謝公攜妓東山去，何似乘春奉詔行	送杜郎中入茶山修貢	楊夔	22/763/8662

271.	今日臨行盡交割，分明數取媚川珠。(媚川者，酒錄事也)	贈吳圓	李　曜	22/768/8718
272.	韶光今已輸先手，領得蠙珠掌上看。(原注：韶光，營籍妓名)	答李曜	吳　圓	22/768/8718
273.	笙歌日日徵教坊，傾國名倡盡佳麗。	明月湖醉後薔薇花歌	無名氏	22/785/8857
274.	綵妓妝偏麗，金桃動更香。	賦得燈心送李侍御萼	皎　然	23/820/9243
275.	時議名齊謝太傅，更看攜妓似東山。	觀李中丞洪二美人唱歌軋箏歌	皎　然	23/821/9262
276.	翛然別是神仙趣，豈羨東山妓樂隨。	錦沙墩	貫　休	23/837/9429
277.	樂營卻是閒人管，兩地風情日漸多。	譙池亳二州賓佐兼寄宣武軍掌書記李晝	張魯封	25/871/9876
278.	王敦傾室，紀瞻出妓。	蒙求	李　瀚	25/881/9962
279.	畫旗張嚇奕，妖妓舞嬋娟。	題梅嶺泉	孫　魴	25/886/10014
280.	綽約司花妓。	河傳三首之一	韋　莊	25/892/10078
281.	嬌妓舞衫香暖。	西溪子	毛文錫	25/893/10084
282.	應在倡樓銘酊。	滿宮花二首之二	魏承班	25/895/10109
283.	芳年妙妓。	清平樂二首之二	尹　鶚	25/895/10112
284.	輕盈舞伎含芳豔。	後庭花三首之二	毛熙震	25/895/10115
285.	晚出閒庭看海棠，風流學得內家妝。	浣溪沙四首之二	李　珣	25/896/10121
286.	白練鳥迷山芍藥，紅妝妓妒水林禽。	宴漁舟	章孝標	25/詩逸上/10185

附錄三：唐妓所作詩歌

妓　名	詩　題	冊／卷／頁
1. 柳氏（原注：柳氏，李生姬也）	答韓翃	23/800/8998
2. 紅綃妓	憶崔生	23/800/8998
3. 崔紫雲（原注：崔紫雲，尚書李愿妓也）	臨行獻李尚書	23/800/9003
4. 孟氏（原注：孟氏，本壽春妓）	獨遊家園	23/800/9005
5. 李節度姬	書紅綃帕二首 會張生述懷	23/800/9006 23/800/9006
6. 嚴續姬	贈別	23/800/9007
7. 豪家妓	句	23/801/9011
8. 李主簿姬	寄詩	23/801/9019
9. 曹文姬	句	23/801/9022
10. 關盼盼（原注：關盼盼，徐州妓也）	燕子樓詩三首 和白公詩 句	23/802/9023 23/802/9023 23/802/9023
11. 劉采春（原注：劉采春，越州妓也）	囉嗊曲六首	23/802/9023
12. 太原妓	寄歐陽詹	23/802/9024
13. 武昌妓	續韋蟾句	23/802/9024
14. 舞柘枝女	獻李觀察	23/802/9025

15. 常浩（原注：常浩，妓也）	獻盧夫人	23/802/9025
	寄遠	23/802/9025
16. 襄陽妓	送武補闕	23/802/9026
17. 王福娘	題孫棨詩後	23/802/9026
	問棨詩	23/802/9026
	謝棨詩	23/802/9026
18. 楊萊兒	答小弟子詩	23/802/9027
	和趙光遠題壁	23/802/9027
19. 楚兒	貽鄭昌圖	23/802/9027
20. 王蘇蘇（南曲中妓）	和李標	23/802/9028
21. 顏令賓（南曲妓也）	臨終召客	23/802/9028
22. 張窈窕	寄故人	23/802/9029
	上成都在事	23/802/9029
	春思二首	23/802/9030
	西江行	23/802/9030
	贈所思	23/802/9030
	句	23/802/9030
23. 平康妓	贈裴思謙	23/802/9030
24. 史鳳（原注：史鳳，宣城妓也）	迷香洞	23/802/9031
	神雞枕	23/802/9031
	鎖蓮燈	23/802/9031
	鮫紅被	23/802/9031
	傳香枕	23/802/9031
	八分羊	23/802/9031
	閉門羹	23/802/9031
25. 盛小叢（原注：盛小叢，越妓）	突厥三臺	23/802/9032
26. 趙鸞鸞（原注：趙鸞鸞，平康名妓也）	雲鬟	23/802/9032
	柳眉	23/802/9032
	檀口	23/802/9032
	纖指	23/802/9032
	酥乳	23/802/9033
27. 蓮花妓	獻陳陶處士	23/802/9033

28. 徐月英（原注：徐月英，江淮間妓也）	敘懷	23/802/9033
	送人	23/802/9033
	句	23/802/9033
29. 韓襄客（原注：漢南妓）	句	23/802/9034
30. 薛濤（原注：薛濤，字洪度，本長安良家女，隨父宦，流落蜀中，遂入樂籍）	酬人雨後玩竹	23/803/9035
	春望詞四首	23/803/9035
	宣上人見示與諸公唱和	23/803/9035
	風	23/803/9036
	月	23/803/9036
	蟬（一作聞蟬）	23/803/9036
	池上雙鳥（一作鳧）	23/803/9036
	鴛鴦草	23/803/9036
	罰赴邊有懷上韋令公二首（一作陳情上韋令公，又作上元相公）	23/803/9036
	詠八十一顆	23/803/9036
	謁巫山廟	23/803/9037
	牡丹	23/803/9037
	賊平後上高相公	23/803/9037
	送友人	23/803/9037
	聽僧吹蘆管	23/803/9037
	酬郭簡州寄柑子	23/803/9037
	上川主武元衡相國二首	23/803/9037
	憶荔枝	23/803/9038
	斛石山曉望寄呂侍御	23/803/9038
	寄詞	23/803/9038
	斛石山書事	23/803/9038
	送姚員外	23/803/9038
	酬祝十三秀才	23/803/9038
	別李郎中	23/803/9038
	送扶鍊師	23/803/9038
	摩訶池贈蕭中丞	23/803/9039
	鄉思	23/803/9039

	和李書記席上見贈	23/803/9039
	棠梨花和李太尉	23/803/9039
	酬文使君	23/803/9039
	酬吳隨（一作使）君	23/803/9039
	酬李校書	23/803/9039
	賦凌雲寺二首	23/803/9039
	九日遇雨二首	23/803/9040
	酬雍秀才貽巴峽圖	23/803/9040
	上王尚書	23/803/9040
	和劉賓客玉蕣	23/803/9040
	江邊	23/803/9040
	送盧員外	23/803/9040
	題竹郎廟	23/803/9040
	贈蘇十三（一作三十）中丞	23/803/9041
	和郭員外題萬里橋	23/803/9041
	送鄭眉（一作貢）州	23/803/9041
	江亭餞別（一作宴餞，一作江亭宴）	23/803/9041
	採蓮舟	23/803/9041
	菱荇沼	23/803/9041
	金燈花	23/803/9041
	春郊遊眺寄孫處十二首	23/803/9042
	酬楊供奉法師見招	23/803/9042
	試新服裁製初成三首	23/803/9042
	寄張元夫	23/803/9042
	酬辛員外折花見遺	23/803/9042
	贈遠二首	23/803/9042
	秋泉	23/803/9043
	柳絮	23/803/9043
	續嘉陵驛詩獻武相國	23/803/9043
	段相國遊武擔寺病不能從題寄	23/803/9043
	贈段校書	23/803/9043

	十離詩：犬離主	23/803/9043
	筆離手	23/803/9043
	馬離廐	23/803/9044
	鸚鵡離籠	23/803/9044
	燕離巢	23/803/9044
	珠離掌	23/803/9044
	魚離池	23/803/9044
	鷹離鞲	23/803/9044
	竹離亭	23/803/9044
	鏡離臺	23/803/9044
	酬杜舍人	23/803/9045
	籌邊樓	23/803/9045
	贈韋校書	23/803/9045
	江月樓	23/803/9045
	西巖	23/803/9045
	罰赴邊上武相公二首	23/803/9045
	寄舊詩與元微之	23/803/9045
	句	23/803/9046
	贈楊蘊中	24/866/9804
	酒令	25/879/9953
31. 韋檢亡姬	和檢詩	24/866/9805
32. 故臺城妓	詩（原注：金陵黃進士夢遇臺城故妓，自云今爲吳神樂部）	25/866/9808
33. 柳氏	楊柳枝	25/899/10164

參考書目

（依作者姓氏筆序排列，未著撰人者置於最後）

（一）史　料

1. 〔清〕丁福保：《說文解字詁林及補遺》第八、十二冊（臺北：臺灣商務印書館，1970 年 1 月臺三版）。

2. 〔唐〕于鄴：〈揚州夢記〉（收於清代王文誥編《唐代叢書》，頁 609 欄上～610 欄下，臺北：新興書局影印清嘉慶十一年刻本，1971 年 1 月。以下同出此書之史料，均謹記其所在頁、欄，其餘不另加注）。

3. 〔五代〕王仁裕：《開元天寶遺事》（收於《筆記小說大觀》第二十編第一冊，臺北：新興書局，1986 年 9 月。以下同出一叢書之史料，均謹記其所在編、冊、頁，其餘不另加注）。

4. 〔五代〕王定保：《唐摭言》（臺北：世界書局，1959 年 9 月初版）。

5. 〔宋〕王讜：《唐語林》（臺北：臺灣商務印書館，1979 年 7 月臺一版）。

6. 〔宋〕王溥：《唐會要》（上海：上海古籍出版社，1991 年 1 月第一版）。

7. 〔宋〕王灼：《碧雞漫志》（上海：上海古籍出版社，1988 年 12 月初版）。

8. 〔宋〕尤袤：《全唐詩話》（收於清代何文煥所輯《歷代詩話》第一冊，頁 45～262，臺北：漢京文化事業有限公司標點本，1983 年 1 月。以下同出此書之史料均僅記其所在冊、頁，其餘不另加注）。

9. 〔明〕王世懋：《藝圃擷餘》（見《歷代詩話》第二冊，頁 773～784）。

10. 〔明〕王世貞：《藝苑卮言》（收於清代丁福保所輯《歷代詩話續編》上冊，頁 947～1088，臺北：木鐸出版社標點本，1983 年 9 月。以下同出此書之史料，均僅記其所在冊、頁，其餘不另加注）。

11. 〔清〕王鳴盛：《十七史商榷》（臺北：大化書局點校本，1977 年 5 月景印初版）。

12. 〔清〕王夫之著、戴鴻森箋注:《薑齋詩話箋注》(臺北:木鐸出版社,1982 年 4 月)。

13. 〔清〕王初桐輯、李永祜主編:《奩史選注》(北京:中國人民大學出版社校注本,1994 年 10 月)。

14. 〔唐〕元稹:《元稹集》(臺北:漢京文化事業有限公司,1983 年 10 月)。

15. 〔唐〕白居易:《白居易集》(臺北:漢京文化事業有限公司,1984 年 3 月)。

16. 〔唐〕白行簡:〈李娃傳〉(收於汪辟疆校錄:《唐人小說》上卷,頁 119～127,香港:中華書局,1987 年 8 月重印本。以下有同出此書者,均僅記其所在卷、頁,其餘不另加注)。

17. 〔唐〕白行簡:〈天地陰陽交歡大樂賦〉(收於《叢書集成續編》第 43 冊,頁 377～380,臺北:新文豐出版社。以下有同出此叢書者,均僅記其所在冊、頁,其餘不另加注)。

18. 〔宋〕司馬光等:《資治通鑑·唐紀》(臺北:大申書局點校本,1970 年 5 月)。

19. 〔清〕全祖望:《鮚埼亭集》(臺北:華世出版社,1977 年 3 月初版)。

20. 〔唐〕杜甫著、〔清〕仇兆鰲注:《杜詩詳注》(臺北:漢京文化事業有限公司,1984 年 3 月)。

21. 〔唐〕杜佑:《通典》(臺北:臺灣商務印書館,1994 年 4 月臺一版)。

22. 〔唐〕杜牧著、〔清〕馮集梧注:《樊川詩集注》(臺北:漢京文化事業有限公司,1983 年 9 月初版)。

23. 〔唐〕杜牧:《樊川文集》(臺北:漢京文化事業有限公司,1983 年 11 月)。

24. 〔唐〕李白著、瞿蛻園等校注:《李白集校注》(臺北:里仁書局,1981 年 3 月)。

25. 〔唐〕李綽:《秦中歲時記》(見宋人曾慥編、嚴一萍校訂《類說》卷六,臺北:藝文印書館,1970 年。以下有同出此叢書之史料,均僅記其所在卷次,其餘不另加注)。

26. 〔唐〕李德裕:《次柳氏舊聞》(見《唐代叢書》,頁 102 欄下～107 欄下)。

27. 〔唐〕李冗:《獨異志》(見《叢書集成新編》第 86 冊)。

28. 〔唐〕李肇:《唐國史補》(臺北:世界書局,1991 年 6 月第四版)。

29. 〔唐〕李商隱:《雜纂》(見《唐代叢書》,頁 275 欄上～281 欄上)。

30. 〔唐〕李商隱:《樊南文集》(上海:上海古籍出版社點校本,1988 年 10 月)。

31. 〔唐〕李商隱著、劉學鍇、余恕誠集解:《李商隱詩歌集解》(北京:中

華書局，1992 年 5 月）。

32. 〔唐〕李匡義：《資暇集》（收於清代曹秋岳所輯《學海類編》卷四「集餘記述類」，頁 4398 欄下～44182 欄下，臺北：文源書局，1964 年 8 月初版。以下有同出叢書之史料，均僅記其所在卷、頁，其餘不另加注）。

33. 〔唐〕沈亞之：〈歌者葉記〉（見《唐代叢書》，頁 404 欄下～407 欄上）。

34. 〔五代〕何光遠：《鑒誡錄》（見《筆記小說大觀》第六編第一冊）。

35. 〔宋〕李昉等編：《太平廣記》（臺北：文史哲出版社點校本，1987 年 5 月再版）。

36. 〔宋〕李石：《續博物志》（見《叢書集成新編》第 43 冊）。

37. 〔宋〕吳曾：《能改漫錄》（見《叢書集成新編》第 11 冊）。

38. 〔宋〕宋敏求：《長安志》（收於日人平岡武夫所編《唐代研究指南》第六冊「唐代的長安與洛陽・資料」，影印自《經訓堂叢書》，上海：上海古籍出版社，1989 年 11 月）。

39. 〔宋〕沈恬：《夢溪筆談》（臺北：鼎文書局，1977 年 9 月初版）。

40. 〔元〕辛文房：《唐才子傳》（臺北：世界書局，1985 年 11 月第 5 版）。

41. 〔明〕何良俊：《四友齋叢說》（見《筆記小說大觀》第十編第七冊）。

42. 〔明〕何宇度：《益部談資》（見《學海類編》卷八「集餘遊覽類」，頁 5838 欄上～5857 欄上）。

43. 〔清〕沈德潛：《唐詩別裁》（臺北：臺灣商務印書館，1978 年 1 月臺一版）。

44. 〔清〕汪立名：〈白香山年譜〉（見《白香山詩集》書前，頁 8～18，臺北：新陸書局，1963 年 12 月）。

45. 〔唐〕長孫無忌等：《唐律疏議》（臺北：臺灣商務印書館，1990 年 12 月）。

46. 〔唐〕林寶：《元和姓纂》（京都：中文出版社，1976 年 6 月）。

47. 〔唐〕柳宗元：《柳河東全集》（北京：中國書店，1994 年 12 月）。

48. 〔唐〕柳宗元：〈龍城錄〉（見《唐代叢書》，頁 609 欄上～610 欄下）。

49. 〔唐〕范攄：《雲溪友議》（臺北：世界書局，1991 年 6 月第 4 版）。

50. 〔唐〕孟棨：《本事詩》（上海：上海古籍出版社，1991 年 4 月第一版）。

51. 〔唐〕房千里：〈楊娼傳〉（見《唐人小說》上卷，頁 222～223）

52. 〔宋〕范靖德編：《朱子語類》第八冊（臺北：文津出版社，1986 年 12 月）。

53. 〔唐〕段成式：《酉陽雜俎》（臺北：源流出版社，1982 年 12 月初版）。

54. 〔唐〕段安節：《樂府雜錄》（上海：上海古籍出版社，1988 年 12 月初

版）。

55. 〔唐〕皇甫枚：《三水小牘》（見《唐人小說》下卷，頁 347～362）。

56. 〔唐〕皇甫松：《醉鄉日月》（收於吳龍輝主編《醉鄉日月——飲酒藝術經典》，頁 36～46，北京：中國社會科學出版社，1993 年 12 月）。

57. 〔唐〕封演：《封氏聞見記》（臺北：廣文書局，1968 年 6 月初版）。

58. 〔唐〕南卓：《羯鼓錄》（上海：上海古籍出版社，1988 年 12 月初版）。

59. 〔唐〕姚汝能：《安祿山事蹟》（見《叢書集成新編》第 103 冊）。

60. 〔宋〕洪邁：《容齋隨筆》（長春：吉林文史出版社，1994 年 1 月初版）。

61. 〔宋〕計有功：《唐詩紀事》（臺北：中華書局，1981 年 9 月臺二版）。

62. 〔宋〕皇都風月主人：《綠窗新話》（臺北：世界書局，1975 年 10 月第五版）。

63. 〔宋〕胡仔：《苕溪漁隱叢話前後集》（臺北：長安出版社標點本，1978 年 12 月）。

64. 〔明〕胡應麟：《少室山房筆叢》上下冊（臺北：世界書局，1963 年 4 月初版）。

65. 〔明〕胡震亨：《唐音癸籤》（臺北：世界書局，1985 年 11 月第五版）。

66. 〔明〕郎瑛：《七修類稿》（見《筆記小說大觀》第三十三編第一冊）。

67. 〔清〕俞正燮：《癸巳存稿》（臺北：世界書局，1963 年 4 月初版）。

68. 〔唐〕孫棨：《北里志》（臺北：世界書局，1991 年 6 月第四版）。

69. 〔唐〕韋述：《兩京新記》（臺北：世界書局，1984 年 2 月初版）。

70. 〔唐〕韋絢：《劉賓客嘉話錄》（見《唐代叢書》，頁 91 欄上～100 欄上）。

71. 〔唐〕韋莊著、李誼校注：《韋莊集校注》（成都：四川社會科學院出版社，1986 年）。

72. 〔唐〕袁郊：《甘澤謠》（上海：上海古籍出版社點校本，1991 年 12 月）。

73. 〔五代〕孫光憲：《北夢瑣言》（臺北：源流出版社，1983 年 4 月初版）。

74. 〔宋〕晁公正：《郡齋讀書志》（臺北：廣文書局，1979 年 4 月再版）。

75. 〔宋〕秦再想：《記異錄》，又名《洛中記異錄》（見《類說》卷十二）。

76. 〔清〕徐松：《唐兩京城坊考》（臺北：世界書局，1984 年 2 月初版）。

77. 〔清〕徐松撰、趙守儼點校：《登科記考》（北京：中華書局，1984 年 8 月）。

78. 〔唐〕崔令欽：《教坊記》（臺北：世界書局，1991 年 6 月第四版）。

79. 〔唐〕張鷟：〈遊仙窟〉（見《唐人小說》上卷，頁 23～44）。

80. 〔唐〕張鷟：《朝野僉載》（見《唐代叢書》，頁 28 欄下～44 欄上）。

81. 〔唐〕張固：〈幽閒鼓吹〉（見《唐代叢書》，頁 78 欄下～83 欄上）。

82. 〔唐〕張爲：《詩人主客圖》（見《歷代詩話續編》上冊，頁 69～102）。

83. 〔唐〕陳鴻：〈長恨歌傳〉（見《唐人小說》上卷，頁 139～161）。

84. 〔宋〕陳振孫：《直齋書錄解題》（臺北：廣文書局，1979 年 5 月再版）。

85. 〔宋〕陳振孫：〈白文公年譜〉（收於《白香山詩集》書前，頁 19～37，臺北：新陸書局，1963 年 12 月）。

86. 〔宋〕張君房：《麗情集》（見《叢書集成續編》第 211 冊）。

87. 〔宋〕張禮：《遊城南記》（臺北：世界書局，1984 年 2 月第三版）。

88. 〔宋〕張表臣：《珊瑚鉤詩話》（見《歷代詩話》第一冊，頁 449～478）。

89. 〔宋〕張戒：《歲寒堂詩話》（見《歷代詩話續編》上冊，頁 449～476）。

90. 〔明〕陳耀文編：《天中記》（臺北：文海出版社，1964 年 8 月）。

91. 〔清〕清聖祖御定、王全等點校：《全唐詩》（北京：中華書局平裝廿五冊本，1992 年 10 月）。

92. 〔清〕清仁宗御定：《欽定全唐文》（臺北：大通書局影本，1975 年 4 月初版）。

93. 〔清〕陳夢雷編：《古今圖書集成》第 48 冊「藝術典七」（臺北：鼎文書局版，1977 年 4 月初版）。

94. 〔宋〕章淵：《稿簡贅筆》（收於明代陶宗儀所編《說郛》卷四十四，頁 2869～2878，臺北：臺灣商務印書館影印涵芬樓本，1972 年 12 月初版）。

95. 〔清〕章炳麟：《章氏叢書‧續編》（臺北：世界書局，1958 年 7 月初版）。

96. 〔清〕章學誠：〈婦學〉（見《叢書集成新編》第 33 冊）。

97. （今）梁在平選印：《中國古代音樂史料輯要》（臺北：學藝出版社，1971 年 9 月初版）。

98. 〔唐〕馮贄著、齊仕容校注：《雲仙雜記校注》（重慶：西南師範大學出版社，1990 年 6 月）。

99. 〔五代〕景渙：〈牧豎閒談〉（見《類說》卷五十二）。

100. 〔宋〕葛立方：《韻語陽秋》（見《歷代詩話》第二冊，頁 479～654）。

101. 〔元〕費著：〈牋紙譜〉又名〈蜀牋譜〉（見《叢書集成新編》第 48 冊）。

102. 〔明〕湯顯祖著、徐朔方、楊笑梅校注：《牧丹亭》（臺北：里仁書局，1995 年 2 月）。

103. 〔清〕舒白香著、黎庵海戈標點：《天香隨筆》（收於舒氏著《遊山日記》卷一、十，上海：宇宙風社重印本，1936 年 4 月初版）。

104. 〔清〕董文渙：《聲調四譜》又名《聲調四譜圖說》（臺北：廣文書局，

1974 年 3 月初版）。

105. 〔宋〕蒲積中：《歲時雜詠》（上海：上海古籍出版社，1993 年 8 月）。

106. 〔明〕楊慎：《升菴詩話》（見《歷代詩話續編》中冊，頁 633～946）。

107. 〔唐〕劉肅：《大唐新語》（臺北：新宇出版社校勘版，1985 年 10 月）。

108. 〔唐〕劉禹錫著、瞿蛻園箋證：《劉禹錫集箋證》（上海：上海古籍出版社，1989 年 12 月）。

109. 〔唐〕劉餗：《隋唐嘉話》（見《筆記小說大觀》第十四編第一冊）。

110. 〔唐〕劉崇遠：《金華子雜編》（上海：上海古籍出版社，1988 年 12 月初版）。

111. 〔唐〕裴鉶：《傳奇》（見《唐人小說》下卷，頁 323～346）。

112. 〔唐〕蔣防：〈霍小玉傳〉（見《唐人小說》上卷，頁 92～100）。

113. 〔五代〕劉昫等：《舊唐書》（臺北：鼎文書局點校本，1992 年 5 月第七版）。

114. 〔宋〕趙彥衛：《雲麓漫鈔》（臺北：世界書局新校本，1959 年 9 月）。

115. 〔清〕趙翼：《甌北詩話》（臺北：廣文書局，1971 年 5 月再版）。

116. 〔清〕趙翼撰、杜維運考證：《廿二史劄記》（臺北：華世出版社，1977 年 9 月新一版）。

117. 〔清〕趙翼：《陔餘叢考》（臺北：世界書局，1960 年 12 月初版）。

118. 〔清〕趙翼：《簷曝雜記》（見《筆記小說大觀》第 33 編第 9 冊）。

119. 〔宋〕歐陽炯編：《花間集》（臺北：世界書局，1992 年 9 月第四版）。

120. 〔宋〕歐陽修等：《新唐書》（臺北：鼎文書局點校本，1994 年 10 月八版）。

121. 〔唐〕鄭處誨：《明皇雜錄》（北京：中華書局點校本，1994 年 9 月）。

122. 〔唐〕鄭賓：〈才鬼記〉（見《唐代叢書》，頁 802 欄下～818 欄上）。

123. 〔宋〕鄭文寶：〈南唐近事〉（見《叢書集成新編》第 83 冊）。

124. 〔唐〕樂史：《楊太眞外史》（見《唐代叢書》，頁 572 欄下～581 欄下）。

125. 〔唐〕薛用弱：《集異記》（見《唐人小說》下卷，頁 297～307）。

126. 〔唐〕薛濤、李冶、魚玄機等著、陳文華校注：《唐女詩人集三種》（臺北：新宇出版社，1985 年 10 月）。

127. 〔宋〕錢易：《南部新書》（見《叢書集成新編》第 86 冊）。

128. 〔元〕駱天驤著、黃永年點校：《類編長安志》（北京：中華書局，1990 年 8 月）。

129. 〔唐〕戴孚：《廣異記》（北京：中華書局，1992 年 3 月）。

130. 〔宋〕贊寧：《宋高僧傳》（北京：中華書局點校本，1993 年 2 月）。

131. 〔明〕鍾惺:《名媛詩歸》(臺北:國立中央圖書館善本書室微捲,明末景陵鍾氏刊本)。

132. 〔唐〕韓愈:《韓昌黎全集》(北京:中國書店據世界書局 1935 年影印本,1991 年 6 月)。

133. 〔唐〕韓偓:《香奩集》(收於《叢書集成續編》第 164 冊)。

134. 〔今〕瞿宣穎纂輯:《中國社會史料叢鈔‧甲集》下冊(臺北:臺灣商務印書館,1972 年 1 月臺二版)。

135. 〔唐〕蘇鶚:《杜陽雜編》(見《唐代叢書》,頁 57 欄上～78 欄上)。

136. 〔宋〕蘇軾:《蘇東坡全集》(北京:中國書店據世界書局 1936 年影印本)。

137. 〔唐〕懷素:《唐懷素書自敘》又名《懷素自敘帖》(臺北:國立故宮博物院影拓本,1971 年 12 月)。

138. 〔唐〕懷素:《草書千字文》(東京:二玄社,1978 年 11 月初版)。

139. 〔宋〕嚴羽著、郭紹虞校釋:《滄浪詩話校釋》(臺北:里仁書局,1987 年 4 月)。

140. 〔明〕顧炎武著、〔清〕黃汝成集釋、(今)秦克誠點校:《日知錄集釋》(長沙:岳麓書社,1994 年 5 月)。

141. 〔宋〕龔明之:《中吳紀聞》(見《學海類編》卷八「集餘遊覽類」,頁 5741 欄下～5809 欄上)。

142. 〔明〕龔賢編:《唐名媛詩》(臺北:國立中央圖書館善本書室微捲,彙集明本、野香堂、貞隱堂等刊本)。

143. 不著撰人:《玉泉子》(上海:上海古籍出版社,1988 年 12 月初版)。

144. 不著撰人:《宣和書譜》(見《叢書集成新編》第 52 冊)。

145. 不著撰人:湯顯祖敘錄、屠隆點閱、袁宏道參詳:《虞初志》(臺北:廣文書局影印點校本,1987 年 3 月)。

146. 不著撰人:《白居易詩評述彙編》(臺北:明倫出版社,1970 年 12 月初版)。

(二)專　著

甲、中文部份

1. 王壽南《唐代藩鎮與中央關係之研究》(臺北:嘉新水泥公司文化基金會,1969 年 11 月初版)。

2. 王書奴:《中國娼妓史》(上海:上海書店重印本,1992 年 1 月)。

3. 王夢鷗:《唐人小說校釋》上下冊(臺北:正中書局,1983 年 3 月)。

4. 王夢鷗:《唐人小說研究》一～四冊,(臺北:藝文印書館,1971 年 12

月初版）。

5. 王仁波等編：《隋唐文化史》（香港：中華書局，1990 年 11 月初版）。

6. 王永興編著：《隋唐五代經濟史料彙編校注‧第一編》上下冊（北京：中華書局，1987 年 4 月第一版）。

7. 王小盾：《唐代酒令藝術》（臺北：文津出版社，1993 年 3 月初版）。

8. 王克芬：《中國舞蹈史‧隋唐五代部份》（北京：文化藝術出版社，1987 年 2 月）。

9. 王克芬：《中國舞蹈發展史》（上海：人民出版社，1991 年 2 月）。

10. 王仲鏞：《唐詩紀事校箋》（成都：巴蜀書社，1992 年 3 月）。

11. 王元軍：《唐代書法與文化》（臺北：東大圖書股份有限公司，1995 年 3 月）。

12. 石方：《中國性文化史》（哈爾濱：黑龍江人民出版社，1993 年 7 月）。

13. 任半塘：《教坊記箋訂》（臺北：宏業書局，1973 年 1 月）。

14. 任半塘：《唐戲弄》一、二冊（臺北：漢京文化事業有限公司，1985 年 9 月初版）。

15. 向淑雲：《唐代婚姻法與婚姻實態》（臺北：臺灣商務印書館，1991 年 11 月初版）。

16. 朱金城：《白居易年譜》（臺北：文史哲出版社，1991 年 12 月臺一版）。

17. 朱金城：《白居易研究》（臺北：文史哲出版社，1992 年 12 月初版）。

18. 何恭上主編、沈以正撰文：《歷代美人畫選》（臺北：藝術圖書公司，1984 年 2 月初版）。

19. 呂思勉：《中國制度史》（臺北：丹青出版社，1986 年 5 月）。

20. 李志慧：《唐代文苑風尚》（西安：陝西人民出版社，1988 年 5 月一版）。

21. 李劍農：《中國古代經濟史稿》第二卷「魏晉南朝隋唐部份」（武昌：武漢大學出版社，1990 年 10 月）。

22. 李廷先：《唐代揚州史考》（南京：江蘇古籍出版社，1992 年 5 月）。

23. 李建民：《中國古代游藝史》（臺北：東大圖書股份有限公司，1993 年 3 月）。

24. 李劍國：《唐五代志怪傳奇敘錄》上下冊（天津：南開大學出版社，1993 年 12 月）。

25. 吳敏倫編：《性論》（臺北：臺灣商務印書館，1990 年 7 月臺初版）。

26. 吳在慶：《杜牧論稿》（廈門：廈門大學出版社，1991 年 3 月）。

27. 吳承洛：《中國度量衡史》（北京：商務印書館重印本，1993 年 7 月）。

28. 宋肅懿：《唐代長安之研究》（臺北：大立出版社，1983 年 10 月）。

29. 卓遵宏:《唐代進士與政治》(臺北:國立編譯館,1987 年 10 月)。

30. 林保堯編集:《敦煌藝術圖典》(臺北:藝術家出版社,1991 年 3 月初版)。

31. 姚薇元:《北朝胡姓考》(臺北:華世出版社,1977 年 6 月)。

32. 段木干主編:《中外地名大辭典》一～八冊(臺中:人文出版社,1981 年 6 月)。

33. 祝秀俠:《唐代傳奇研究》(臺北:中國文化大學出版社,1982 年 11 月)。

34. 胡適:《白話文學史上卷／第二篇・唐朝》(臺北:遠流出版事業股份有限公司,1986 年 7 月一版)。

35. 郁賢皓:《唐刺史考》一～五冊(南京:江蘇古籍出版社,1987 年 2 月)。

36. 高世瑜:《唐代婦女》(西安:三秦出版社,1988 年 6 月第 1 版)。

37. 孫康宜:《晚唐迄北未詞體演進與詞人風格》(臺北:聯經出版事業公司,1994 年 6 月)。

38. 袁杰英編:《中國歷代服飾史》(北京:高等教育出版社,1994 年 6 月)。

39. 陳寅恪:《陳寅恪先生文集》(一)(二)。(三)(臺北:里仁書局,1981 年 3 月)。

40. 陳顧遠:《中國婚姻史》(臺北:臺灣商務印書館,1992 年 9 月臺八版第 8 次印刷)。

41. 陳東原:《中國婦女生活史》(臺北:臺灣商務印書館,1990 年 12 月九版)。

42. 陳鵬:《中國婚姻史稿》(北京:中華書局,1990 年 8 月第一版)。

43. 陶希聖、鞠清遠:《唐代經濟史》(臺北:臺灣商務印書館,1972 年 4 月臺二版)。

44. 陶慕寧:《青樓文學與中國文化》(北京:東方出版社,1993 年 7 月)。

45. 常任俠等編:《中國舞蹈史・初編》(臺北:業強出版社,1990 年 11 月再版)。

46. 郭箴一:《中國小說史》(臺北:臺灣商務印書館,1988 年 2 月臺八版)。

47. 黃現璠:《唐代社會概略》(上海:上海商務印書館,1937 年 2 月再版)。

48. 黃永武:《中國詩學・鑑賞篇》(臺北:巨流圖書公司,1974 年 10 月初版)。

49. 傅抱石:《傅抱石畫集》(南京:江蘇美術出版社,1985 年 1 月)。

50. 彭信威:《中國貨幣史》(上海:上海人民出版社,1988 年 8 月)。

51. 董作賓:《增補二十史朔閏表》(臺北:藝文印書館,1989 年 9 月第四版)。

52. 傅璇琮主編:《唐才子傳校箋》一～四冊(北京:中華書局 1987 年 5 月)。

53. 傅璇琮:《唐代科舉與文學》(臺北:文史哲出版社,1994 年 8 月)。

54. 萬獻初：《中國名妓》（桂林：灕江出版社，1993 年 5 月第一版）。

55. 劉開榮：《唐代小說研究》（臺北：臺灣商務印書館，1994 年 5 月第二版）。

56. 劉詠聰：《女性與歷史 —— 中國傳統觀念新探》（香港：香港教育圖書公司，1993 年初版）。

57. 劉尊明：《唐五代詞的文化觀照》（臺北：文津出版社，1994 年 12 月初版）。

58. 劉瑛：《唐代傳奇研究》（臺北：聯經出版事業公司，1994 年 10 月初版）。

59. 劉達臨：《縱橫華夏性史 —— 古代性文明搜奇》上下冊（臺北：性林文化事業股份有限公司，1995 年 8 月）。

60. 趙鳳喈、鮑家麟：《中國婦女在法律上之地位・附補篇》（臺北：稻鄉出版社，1993 年 5 月初版）。

61. 蔡勇美、江吉芳：《性的社會觀》（臺北：巨流圖書公司，1990 年 9 月）。

62. 廖美雲：《唐伎研究》（臺北：台灣學生書局，1995 年 9 月）。

63. 歐陽予倩等：《中國舞蹈史・二編》（臺北：業強出版社，1990 年 11 月再版）。

64. 閻文儒、閻萬鈞編：《兩京城坊考補》（鄭州：河南人民出版社，1992 年 6 月）。

65. 薛鳳生：《元微之年譜》（臺北：臺灣學生書局，1977 年 5 月）。

66. 魯迅：《中國小說史略》（臺北：谷風出版社，出版年月不詳）

67. 龍冠海：《社會學》（臺北：三民書局，1991 年 3 月）。

68. 謝無量編：《中國婦女文學史》（鄭州：中州古籍出版社據 1916 年中華書局本影印，1992 年 9 月）。

69. 羅聯添：《白樂天年譜》（臺北：國立編譯館，1989 年 7 月）。

70. 羅聯添：《唐代文學論集》上下冊（臺北：臺灣學生書局，1989 年 5 月初版）。

71. 嚴明：《中國名妓藝術史》（臺北：文津出版社，1992 年 8 月初版）。

72. 不著撰人：《簡明大英百科全書》中文版第 15 冊（臺北：臺灣中華書局，1989 年 5 月）。

73. 不著撰人：《大陸版辭源》單卷合訂本（臺北：遠流出版事業股份有限公司，1993 年 4 月）。

74. 不著撰人：《中國美術全集》「繪畫編 2・隋唐五代繪畫」及「書法篆刻編 3・隋唐五代書法」（臺北：錦繡出版社，1989 年 8 月初版）。

乙、外文及譯作部份

1. 〔日〕內山知也：《隋唐小說研究》（東京：木耳社，1977 年 1 月）。

2. 〔日〕石田幹之助：《長安汲古》（東京：生活社，1945 年 12 月）。

3. 〔日〕石田幹之助：《增訂長安の春》（東京：平凡社，1987 年 5 月）。

4. 〔日〕加藤繁：《唐宋時代之金銀研究》（臺北：新文豐出版社中譯本，1974 年 12 月初版）。

5. 〔日〕加藤繁：《中國經濟史考證》（臺北：華世出版社中譯本，1981 年 9 月）。

6. 〔日〕平岡武夫主編：《唐代長安與洛陽》「資料」與「地圖」（上海：上海古籍出版社中譯本，1991 年 1 月）。

7. 〔日〕西岡弘：《中國古典の民俗と文學》（東京：角川書店，1976 年 1 月）。

8. 〔日〕那波利貞：《唐代社會文化史研究》（東京：創文社，1988 年 1 月初版）。

9. 〔日〕岸邊成雄原著、梁在平、黃志炯合譯：《唐代音樂史的研究》（臺北：中華書局，1973 年 10 月初版）。

10. 〔日〕周藤吉之：《唐宋社會經濟史研究》（東京：東京大學出版部，1965 年）。

11. 〔日〕原田淑人：《唐代の服飾》（東京：平文社，1970 年 3 月）。

12. 〔日〕濱口重國：《唐王朝の賤人制度》（京都：京都大學文學部內東洋史研究會，1966 年 10 月）。

13. 〔法〕Andre'Morali-Daninos 原著、張龍雄譯：《性關係社會學》（臺北：遠流出版事業股份有限公司，1992 年 8 月初版）。

14. 〔美〕Donald Light & Suzzane Keller 合著、林義男譯：《社會學》上冊（臺北：巨流圖書公司，1992 年 4 月）。

15. 〔英〕H. Ellis 原著、潘光旦譯：《性心理學》（北京：三聯書店，1988 年 11 月一版三刷）。

16. 〔荷〕R. H. van Gulik 原著、李零、郭曉惠等譯：《中國古代房內考》（臺北：桂冠圖書股份有限公司，1994 年 4 月）。

17. 〔法〕Simone de Beavoir 原著、歐陽子等譯：《第二性》一～三卷（臺北：志文出版社，1994 年 9 月再版）。

18. 〔奧〕S. Freud 原著、林克明譯：《性學三論‧愛情心理學》（臺北：志文出版社，1993 年 9 月再版）。

（三）論 文

甲、期刊論文

1. 王桐齡：〈唐宋時代妓女考〉，《史學年報》第一卷第 1 期（1929 年）。

2. 王壽南：〈唐玄宗時代的政風〉，《國立政治大學學報》第 29 期（1974 年 5 月）。

3. 宇亮：〈唐宋明三代的賣笑婦〉，《進展月刊》第一卷第 4 期（1943 年 6 月）。

4. 李劍國：〈一枝花非李娃辨〉，《文學探索》（1986 年 2 月）。

5. 李永熾：〈井鶴西原的好色餘情〉，《當代》第 16 期（1987 年 8 月）。

6. 宋美樺：〈欲解還結：文學／情色／色情〉，《當代》第 16 期（1987 年 8 月）。

7. 〔日〕岸邊成雄：〈唐代妓館の組織〉，《古代研究》第 2 期（1955 年）。

8. 武仙卿：〈隋唐時期揚州的輪廓〉，《食貨半月刊》第五卷第 1 期（1937 年 1 月）。

9. 南宮搏：〈燕子樓人事考述〉，《東方雜誌復刊》四卷 1 期（1970 年 7 月）。

10. 段浩然：〈《北里志》中的"三曲"〉，《西北大學學報‧哲學社會科學版》（1981 年 2 月）。

11. 高世瑜：〈唐代的官妓〉，《史學月刊》（1987 年 5 月）。

12. 徐蘋芳：〈唐代兩京的政治經濟和文化生活〉，《考古》（1982 年 6 月）。

13. 孫菊園：〈唐代文人和妓女的交往及其與詩歌的關係〉，《文學遺產》（1989 年 3 月）。

14. 張政琅：〈一枝花話〉，《中央研究院歷史語言研究所集刊》第 20 本下冊

15. 張省卿：〈唐代名妓薛濤〉，《史苑》第 39 期（1984 年）。

16. 陳萬鼐：〈摭談夜宴圖〉，《故宮文物月刊》二卷 12 期（1985 年 3 月）。

17. 陳萬鼐：〈公孫大娘舞劍器〉，《故宮文物月刊》三卷 8 期，（1985 年 11 月）。

18. 陳友山：〈試說薛濤井的文化價值〉，《文史雜誌》（2009 年 2 月）。

19. 馮明惠：〈唐代傳奇中娼妓的悲劇性〉，《中國時報》第 12 版（1976 年 7 月 17 日）。

20. 黃敏枝：〈從開元天寶社會的積富看長安生活的奢華〉，《國立成功大學歷史學報》第 2 期（1975 年 7 月）。

21. 黃敏枝：〈唐代成都的經濟景況〉，《中國歷史學會史學集刊》第 19 期（1987 年 7 月）。

22. 黃華童：〈中國古代妓女文學題材初探〉，《浙江師範大學學報》（1988 年 3 月）。

23. 程千帆：〈李白和徐凝的廬山瀑布詩〉，《長江》（1979 年 2 月）。

24. 臺靜農：〈論唐代士風與文學〉，《臺大文史哲學報》第 14 期（1965 年 11 月）。

25. 劉伯驥：〈長安爲中心的唐代社會風氣〉，《陝西文獻》第 40 卷（1980 年 1 月）。

26. 劉奉光：〈中西妓女題材小說比較研究〉，《魯魯學刊》（1987 年 5 月）。

27. 劉慧芬：〈唐代樂舞研究之八 —— 唐代軟舞健舞之最〉，《故宮文物月刊》七卷 1 期（1989 年 4 月）。

28. 劉增貴：〈魏晉南北朝時代的妾〉，《新史學》二卷 4 期（1991 年 12 月）。

29. 廖美雲：〈唐代狎妓風盛之因素考查〉，《臺中商專學報》第 26 期（1994 年 6 月）。

30. 鄭蓮月：〈唐代的妓女〉，《綜合月刊》第 53 期（1973 年 4 月）。

31. 嚴耕望：〈唐五代時期之成都〉，《香港中文大學中國文化研究所學報》第十二卷（1981 年）。

乙、論文集論文

1. 甘懷眞：〈唐代官人的宦遊生活 —— 以經濟生活爲中心〉，《第二屆唐代文化研究會論文集》，頁 39～60（臺北：臺灣學生書局，1995 年 9 月）。

2. 全漢昇：〈唐代物價的變動〉，《中國經濟史研究上冊》，頁 143～208（臺北：稻鄉出版社，1992 年 9 月）。

3. 全漢昇：〈唐宋時代揚州經濟景況的繁榮與衰落〉，《中國經濟史論叢》第一冊，頁 1～28（香港：新亞研究所，1972 年 8 月）。

4. 宋師德熹：〈唐代的妓女〉，《中國婦女史論集續集》，頁 67～122（臺北：稻鄉出版社，1991 年 4 月）。

5. 宋師德熹：〈唐代曲江宴遊之風尚〉，《第二屆唐代文化研討會論文集》，頁 21～38（臺北：臺灣學生書局，1995 年 9 月）。

6. 李豐楙：〈仙、妓與洞窟 —— 從唐到北宋初的娼妓文學與道教〉，《宋代文學與思想》，頁 473～515（臺北：臺灣學生書局，1989 年 8 月初版）。

7. 林語堂：〈妓女與妾〉，《林語堂文選》，頁 41～46（臺南：北一出版社，1975 年 3 月）。

8. 邱燮友：〈白居易燕子樓詩〉，《第一屆國際唐代學術會議論文集》，頁 77～86（臺北：臺灣學生書局，1989 年 2 月初版）。

9. 胡適：〈詞的起原〉，《胡適作品集》第 30 冊，頁 275～290（臺北：遠流出版事業股份有限公司，1988 年 9 月第三版）。

10. 高邁：〈中國娼妓制度之歷史的搜究〉，《中國婦女史論集》，頁 118～127（臺北：稻鄉出版社，1992 年 9 月再版）。

11. 傅樂成：〈唐人的生活〉，《漢唐史論集》，頁 117～142（1977 年 9 月初版）。

12. 葉啓政：〈有關社會問題基本性質的初步檢討〉，《當前臺灣社會問題》，頁 3～27（臺北：巨流圖書公司，1981 年 9 月）。

13. 〔美〕Kinsley Davis 原著、楊美惠譯:〈娼妓問題〉,《婦女問題新論》,
    頁 231～272（臺北:聯經出版事業公司,1979 年 2 月初版）。

14. 〔日〕齋藤茂:〈關於《北里志》──唐代文學與妓館〉,《唐代文學研
    究》第三輯,頁 602～614（桂林:廣西師範大學出版社）。

15. 謝康:〈賣淫制度和娼妓問題〉,《社會問題論叢》,頁 138～160（臺北:
    臺灣商務印書館,1969 年 6 月）。

16. 瞿海源:〈色情與娼妓問題〉,《臺灣的社會問題》,頁 509～544（臺北:
    巨流圖書公司,1993 年 3 月）。

17. 嚴耕望:〈唐代荊襄道與大堤曲〉,《中央研究院成立五十週年紀念論文集》
    第二輯「人文社會科學」,頁 145～178（臺北:中央研究院,1978 年 7 月）。

18. 龔鵬程:〈論唐代的文學崇拜與文學社會〉,《晚唐的社會與文化》,頁 1
    ～98（臺北:臺灣學生書局,1990 年 9 月）。

丙、學位論文

1. 申美子:〈中國唐代婦女生活研究〉（臺北:政治大學中國文學研究所碩
   士論文,1973 年 1 月）。

2. 朱美蓮:〈唐代小說中的女性角色研究〉（臺北:政治大學中國文學研究
   所碩士論文,1989 年 6 月）。

3. 沈冬:〈隋唐西域樂部與樂律之研究〉（臺北:臺灣大學中文研究所博士
   論文,1991 年 6 月）。

4. 李孟君:〈唐詩中的女性形象研究〉（臺北:輔仁大學中國文學研究所碩
   士論文,1992 年 6 月）。

5. 周次吉:〈唐碑誌所見女子身份與生活之研究〉（臺北:政治大學中國文
   學研究所博士論文,1991 年 5 月）。

6. 陳海蘭:〈從唐代傳奇小說看當時社會問題〉（臺北:臺灣大學中國文學
   研究所碩士論文,1970 年 6 月）。

7. 張慧娟:〈唐代女詩人研究〉（臺北:中國文化學院中國文學研究所碩士
   論文,1978 年 6 月）。

8. 蔡壽美:〈唐代婦女的服飾〉（臺北:臺灣師範大學歷史學研究所碩士論
   文,1972 年 5 月）。

9. 劉慧芬:〈唐代宮廷舞蹈之研究〉（臺北:中國文化大學藝術研究所碩士
   論文,1986 年 12 月）。

10. 謝淑慎:〈唐代士人的價值觀──以唐人小說爲研究範圍〉（臺北:臺灣
    師範大學國文研究所碩士論文,1993 年 6 月）。

11. 嚴紀華:〈全唐詩婦女詩歌之內容分析〉（臺北:政治大學中國文學研究
    所碩士論文,1981 年 6 月）。